W0463323

Cultiver son potager avec la lune

mars 2022
février 2023

Artémis éditions

Crédits photos :
Fotolia.com : p. 4, 33 (Szymanski), p. 5 (Figurnyi), p. 7 (Beckle), p. 9, 10-11, 51 (Patrimonio designs), p. 15 (Goofeephoto), p. 16 (Leiftryn), p. 17 g (Barone), p. 17 d (Calcagno), p. 18 g et d (Lassire), p. 18 m (Szasz-Fabian), p. 19 (Massé), p. 21 (Jkar866), p. 24 (Hayward), p. 48-49 (Neung Stock).
Shutterstock.com : p. 25 (NinaM), p. 26 (Kropotov), p. 27 (EM Arts), p. 28 (Kenishirotie), p. 29 (Oriori), p. 30 (Monticello), p. 32 (Angorius), p. 33 (Foodonwhite), p. 34, 41 (Nito), p. 35 (Narodenko), p. 36 (Nattika), p. 37 (Telesh), p. 38 (Anch), p. 39 (PhotoEd), p. 40 (Picturepartners), p. 43 (Africa Studio), p. 45 (Nattika), p. 46 (Scott), p. 47 (Elovich).
Dessins de **Francis Rossignol.**

Ouvrage collectif réalisé par Losange
avec la collaboration de Alice Delvaille, Isabelle Charleuf-Calmets

© 2021 Losange / Éditions Artémis
www.editions-artemis.com

ISBN : 978-2-8160-1932-2
Dépôt légal : janvier 2022

Achevé d'imprimer : décembre 2021
Imprimé en Chine par Toppan Leefung

Sommaire

Comprendre les cycles lunaires

L'observation de la lune

On oublie aujourd'hui que, pendant des siècles, les hommes n'avaient ni heure ni calendrier à leur disposition, et qu'ils réglaient leurs activités sur le soleil. Les travaux agricoles étaient décidés en fonction des observations de la faune et de la flore, des vents, du tonnerre : c'est ainsi que de nombreux dictons ont pour objet des prévisions météorologiques, afin d'orienter les pratiques agricoles.

Pensons encore que les premiers calendriers n'ont commencé à se diffuser – dans les milieux favorisés et lettrés – que dans le courant du XVIe siècle. Il a ensuite fallu attendre deux siècles encore pour qu'ils se répandent dans les campagnes. Ces almanachs faisaient la part belle à des prévisions météorologiques et à tout ce qu'il fallait faire ou ne pas faire au fil des mois, en fonction de considérations zodiacales et astrologiques.

Les gens de la terre étant analphabètes, de nombreux conseils ont pris la forme de proverbes et de ritournelles : « En nouvelle lune, tout graine, tout fleurit ; en vieille lune, tout fournit. » On se repérait aussi beaucoup aux fêtes des saints, celles-ci étant précisées chaque dimanche par le curé de la paroisse. Jardiniers et agriculteurs se sont ainsi fondés sur certaines dates fixes pour organiser leurs travaux. Là encore, les dictons faisant référence à des saints sont innombrables. Il y a par exemple les fameux « saints de glace », saint Mamert, saint Pancrace et saint Servais (les 11, 12 et 13 mai), qui indiquent les risques encourus par les cultures pendant cette période, où un ciel bien dégagé peut entraîner des gelées nocturnes. On sait aussi que « s'il pleut à la Saint-Médard (le 8 juin), il pleut quarante jours plus tard », à moins que « la Saint-Barnabé (le 11 juin) ne lui coupe le pied ». Il faut semer la salade de printemps à la Sainte-Agathe (5 février), le persil le jour de mardi gras, les haricots à la Sainte-Croix (3 mai) ou aux rogations. Presque tous les saints sont ainsi convoqués pour donner des indications à venir sur les conditions météorologiques et les récoltes.

Quel rôle joue la lune ?

Le rôle de la lune dans la vie quotidienne et les travaux agricoles est antique. « Quand la lune croît, les coquil-

Les horloges zodiacales ancestrales indiquent notamment quels travaux effectuer en fonction de la position de la lune. Ici l'horloge astronomique de Prague, qui a plus de 600 ans (construite en 1410 par Nicolas de Kadau).

lages grossissent, le sang aussi, même celui de l'homme, augmente et diminue avec sa lumière, jusqu'au feuillage et aux pâturages qui sont sensibles à ses effets », a écrit Pline l'Ancien, au début de notre ère. Pendant toute l'Antiquité, la théorie dominante exposait que les éléments du macrocosme et du microcosme étaient en correspondance, correspondance longuement étudiée par l'astrologie, une science très importante jusqu'au XVIIe siècle, où la théorie de la sympathie universelle a été abandonnée au profit de l'explication du phénomène des marées par Newton.

Aujourd'hui, le rôle de la lune se fonde donc sur son influence gravitationnelle, qui provoque notamment le phénomène des marées. Du fait que les végétaux sont composés d'environ 90 % d'eau et que le sol est, de même, riche en eau, la gravitation lunaire pourrait avoir une influence et provoquer une sorte de « marée biologique ». Remarquons que Pline évoquait déjà l'influence de la lumière lunaire, bien que la lune, astre mort, ne fasse que refléter la lumière du soleil.

Toutefois, lorsque les cultures reposent sur des apports d'engrais réguliers et sur de nombreux traitements préventifs ou curatifs, cette possible influence devient tout à fait négligeable. Mais dans le cas où le jardinier biologique n'enrichit son sol que de compost et réduit au minimum tout traitement, il se tourne vers la lune pour mettre le plus de chances possible de son côté.

Deux cycles à observer

La lune a deux cycles principaux. L'un est facilement observable : c'est le cycle des phases de la lune, ou cycle synodique (nouvelle lune, lune croissante, pleine lune, lune décroissante ou « en décours »), que tous les calendriers mentionnent. C'est sur ce cycle que s'appuient les traditions de l'influence de la lune sur les plantes, associée ou non aux signes du zodiaque.

Le second cycle de la lune ne peut être que très partiellement observé : il s'agit de la place de l'astre dans le ciel (plus ou moins haute ou basse sur l'horizon). En prenant un point de repère fixe, par exemple un clocher ou un arbre isolé, et en regardant la place de la lune à la même heure, soir après soir, on peut savoir si elle « monte » ou si elle « descend ». Ce second cycle, dit périodique, fondé sur la trajectoire apparente de la lune dans le ciel, fait aussi appel à des données astronomiques par rapport à la trajectoire du soleil et aux constellations. Il faut donc avoir à disposition un calendrier spécifique, qui donne la position de la lune. Le rôle de ce cycle lunaire sur les plantes a notamment été mis en avant par le mouvement anthroposophique, né dans les années 1920, à partir de l'enseignement du philosophe et pédagogue autrichien Rudolf Steiner.

Beaucoup de jardiniers ne se fient qu'au cycle observable. D'autres, en particulier ceux qui s'inspirent du jardinage biodynamique, suivent les prescriptions données par ces calendriers spécialisés.

La lune en dictons

- *Lune pâle, c'est la pluie.*
- *Lune rouge, du vent.*
- *Quand la lune se fait chaude dans le premier quartier, elle met des champignons plein le panier.*
- *Cornes de la lune en haut, beau temps. Cornes de la lune en bas, mauvais temps.*
- *Cornes pâles, pluie. Cornes nettes, beau temps.*
- *Quand la lune vient dans l'eau, au bout de trois jours il fait beau.*
- *Lune rousse en se levant annonce le vent.*
- *Lune brillante et blanche, plusieurs jours de beau temps.*
- *Lune brouillée, pluie assurée.*
- *L'hiver n'est point passé que la lune n'ait décliné.*
- *Si la lune de Saint-Louis ne fait en beau, sois réjoui.*
- *Lune d'argent fait le temps clair.*
- *Noël sans lune, de deux vaches on en mange une.*
- *Lune nouvelle en beau temps, pluie avant sept jours.*
- *Lune neuve en méchant temps, soleil dans trois jours.*
- *Ne sème pas en croissant, il faucillerait avant toi.*

Lune et météo

L'observation de la lune sert traditionnellement à prévoir le temps. La lune entourée d'un anneau rougeâtre annonce un vent fort ; si les taches de la lune sont très visibles, cela laisse espérer du beau temps ; la lune prise dans un halo indique de la pluie à venir. De nombreux dictons relient d'ailleurs l'aspect de la lune et les prévisions météorologiques.

On notait aussi le temps qu'il fait pendant la pleine lune ou la nouvelle lune pour prédire la météo à venir. Par exemple, du vent pendant les six jours qui suivent une nouvelle lune ou une pleine lune indique un ciel perturbé jusqu'à la nouvelle phase de la lune. Si, dans les quatre premiers jours, le temps est instable mais se rétablit ensuite, le temps sera beau dans les huit jours à venir. En revanche, si les quatre premiers jours sont beaux puis que le ciel se dégrade après, le temps sera instable dans la semaine qui suit.

Très souvent, la météo durant les « changements de lune », nouvelle lune ou pleine lune est encore régulièrement observée pour prédire le temps à venir sur une période plus ou moins longue, notamment pour les changements de lune aux alentours des équinoxes et des solstices, soit aux changements de saisons. Lune et soleil sont souvent associés, témoignant que, pendant des millénaires, ces deux astres ont réglé la vie quotidienne des hommes.

La lune en couleurs

- ***La lune rousse :*** *elle commence à la nouvelle lune qui suit Pâques et finit à la nouvelle lune suivante. Pour l'année 2022, elle se situera entre le 30 avril et le 30 mai.*
- ***La lune bleue :*** *généralement, dans un mois, il n'y a qu'une seule pleine lune, mais exceptionnellement, il peut y en avoir deux. La seconde est alors appelée lune bleue.*
- ***La lune noire :*** *la lune est qualifiée de noire en trois circonstances :*
  - *En l'absence de nouvelle lune dans un mois.*
  - *Lorsqu'il y a deux nouvelles lunes dans un mois.*
  - *En l'absence de pleine lune dans un mois.*
- ***La lune cendrée :*** *on qualifie la lune de cendrée quelques jours avant ou après la nouvelle lune, car le croissant lunaire semble flou, comme dans un brouillard.*

La lune rousse

L'expression « lune rousse » qualifie la première lunaison après Pâques – la fête de Pâques étant variable chaque année, cette lune rousse peut intervenir entre le 5 avril et le 6 mai. Elle est dite « rousse » parce qu'elle « roussit » les nouvelles pousses, et non à cause d'une coloration rougeâtre. En fait, quand la lune brille dans un ciel bien dégagé au début du printemps, cela signale une nuit fraîche – le sol n'est pas encore bien réchauffé et les jours pas encore assez longs pour le réchauffer durablement –, et donc des gelées blanches qui endommagent les jeunes plantes. La lune n'est pas en cause, elle n'est qu'un signe.

le cycle visible
lune croissante ou décroissante

Comprendre le cyle synodique

Satellite naturel de la Terre, la Lune n'émet aucune lumière qu'elle produirait elle-même. Nous ne la voyons que grâce à la lumière reflétée par le soleil. Tous les mois, elle tourne autour de la Terre, en accomplissant un cycle de phases lunaires qui vont d'une nouvelle lune à une autre, une période baptisée le mois synodique (du grec *sun*, qui signifie « ensemble, avec », et du grec *hodos*, qui signifie « un chemin »). Vue de la perspective du soleil, une orbite complète dure exactement 29 jours, 12 heures et 44 minutes.

Soir après soir, la lune change d'aspect : c'est sa manifestation la plus évidente. Parfois, elle est fine et légère, d'autres fois, elle est ronde, complètement illuminée par le soleil. Les phases lunaires sont le résultat d'un jeu de positions entre la Terre, la Lune et le Soleil, et du mouvement constant de notre satellite autour de nous.

En effet, la Lune est invisible lorsqu'elle se situe entre le Soleil et la Terre : c'est le moment de la nouvelle lune, on ne perçoit qu'une ombre noire. Si, à l'inverse, elle se trouve du côté opposé au Soleil, elle renvoie alors sa lumière sur l'hémisphère nocturne de la Terre : c'est la pleine lune. Si l'angle entre les trois corps célestes est de 90°, on observe depuis la Terre seulement la moitié du disque lunaire éclairé, soit le premier ou le dernier quart de lune. Dans les phases intermédiaires, on voit un dessin plus ou moins fin de la lune. Parfois, on parle de lune « gibbeuse », ou « bossue », pour désigner une lune éclairée de plus de moitié.

Le cycle lunaire se compte à partir de la phase de la nouvelle lune. Dans les jours qui suivent, elle est dite « croissante » ; au bout de deux semaines, elle est pleine, puis entame sa phase décroissante. On parle alors de lune vieille. On évoque l'âge de la lune pour expliquer ce parcours. Il est possible de remarquer que ce déplacement visible de la Lune, dû à son mouvement

Les phases de la lune

C'est le rayonnement du Soleil qui illumine la face de la Lune visible depuis la Terre.

Suivant l'alignement des trois astres (Soleil-Lune-Terre), la lune est plus ou moins éclairée.

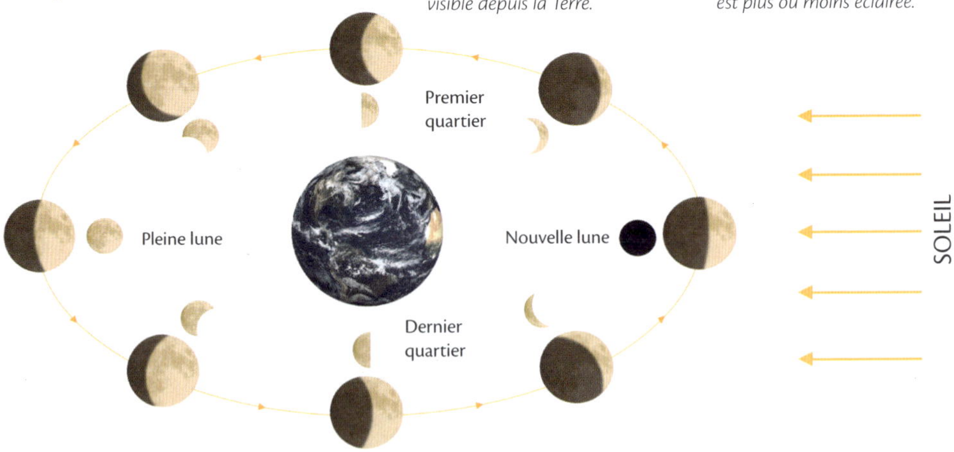

autour de la Terre, se fait en sens inverse des aiguilles d'une montre, soit d'ouest en est. La Lune, observée à la même heure, jour après jour, paraît se déplacer vers l'orient, dans le ciel étoilé qui sert de repère. Elle se lève et se couche avec un décalage en moyenne de 50 minutes chaque jour.

Il n'existe pas de travaux scientifiques qui précisent le rôle du cycle synodique, c'est cependant ce cycle qui sert le plus souvent à orienter les pratiques du jardinier.

Chez les jardiniers biodynamiques, dont les premiers travaux remontent à l'entre-deux-guerres, la nouvelle lune correspond à la germination, le premier quartier au développement, la pleine lune à l'aboutissement, le dernier quartier à la maturité, le dernier croissant à l'introspection.

La lune menteuse

Quand le croissant dessine un « C », la lune décroît. Elle est en phase de croissance quand ce quartier est inversé. Autrement dit, quand le croissant de lune est en « C », elle n'est pas en Croissance, c'est pourquoi on dit qu'elle est « menteuse ». Un simple truc mnémotechnique ! Qui a cependant des sources très anciennes puisque, dans la Rome antique, on évoquait la luna mendax, *lune trompeuse, pour la même raison.*

Lunes néfastes et lunes bénéfiques

La lune de mars, qui débute à la dernière nouvelle lune du mois, est jugée néfaste, car elle s'accompagne de vents froids et secs. La lune rousse d'avril – dernière nouvelle lune de ce mois – est réputée stérile et interrompt les semis de printemps.

En revanche, la lune d'août – dernière nouvelle lune du mois – sourit aux plantations. C'est aussi à ce moment qu'il faut couper les ronces, les épines et les mauvaises herbes, qui repoussent très affaiblies. Une autre tradition conseille de couper les broussailles durant la période de « l'entre-deux-vierges » (entre le 15 août et le 8 septembre), ce qui est sensiblement dans la même période.

On peut penser, dans ces cas de lunes néfastes ou bénéfiques, que c'est moins l'influence proprement dite de la lune qui a été retenue par la tradition que les périodes délicates de l'année qu'elles représentent. À des époques où les calendriers n'étaient pas très répandus, elles étaient un moyen de se repérer. Ces lunes ont ensuite souvent été remplacées par des dates de saints.

Croissante ou décroissante ?

Pour savoir si la lune est en phase croissante ou décroissante, voici le truc bien connu :
on accole un trait vertical au quartier de lune que l'on voit ; si cela dessine un « p », on est en présence du « premier » quartier, la lune est donc croissante ; s'il s'agit d'un « d », on voit le « dernier » quartier, la lune est décroissante.

Au premier quartier, la Lune a parcouru 1/4 de sa rotation autour de la Terre. Elle est maintenant à 6 heures du Soleil, et se couche vers minuit.

3

4

Pendant la deuxième semaine du cycle lunaire, la Lune est « gibbeuse montante » alors qu'elle se dévoile pour atteindre bientôt le stade de la pleine lune.

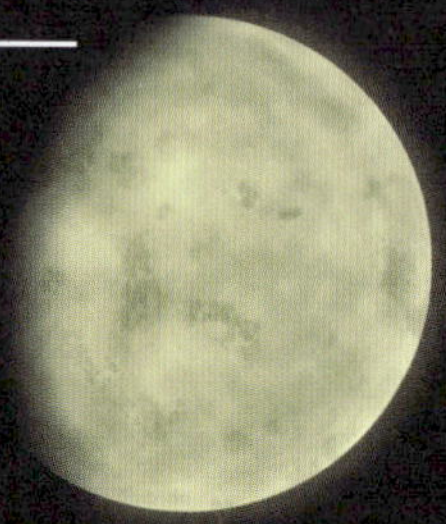

5

Environ 2 semaines après la nouvelle lune, la pleine lune se lève 12 heures après le Soleil. Elle est située à l'opposé exact du Soleil et reste visible toute la nuit.

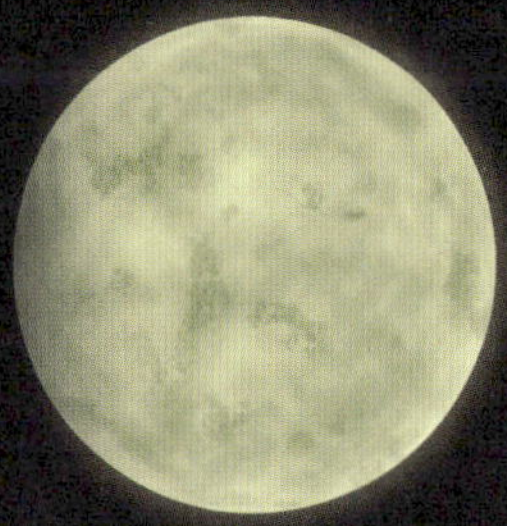

6

La Lune est « gibbeuse descendante » pendant les jours qui suivent la pleine lune. Nous sommes maintenant dans la troisième semaine du cycle lunaire.

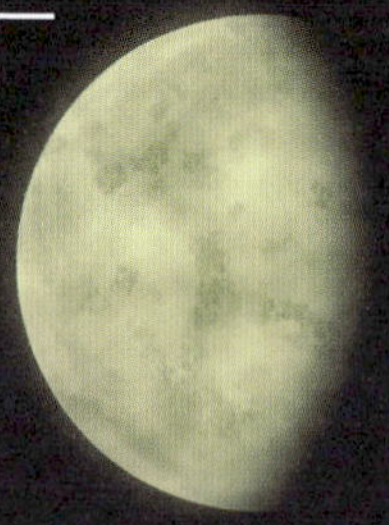

7

Parvenant à la quatrième semaine de son cycle, la Lune est maintenant dans son dernier quartier. Elle se lève dans la seconde moitié de la nuit et est visible dans le ciel du matin.

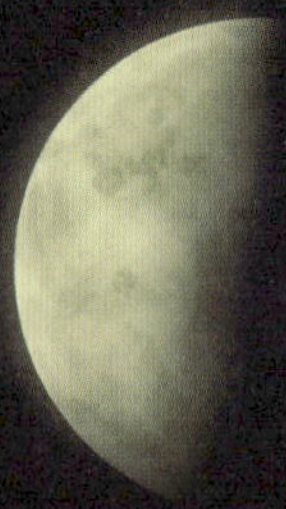

Les phases lunaires

2

Après la nouvelle lune, le croissant grossit pendant une courte période à une vitesse à peu près équivalente à son propre diamètre par heure. Une semaine plus tard, la Lune est à son premier quartier.

1

La nouvelle lune : lorsque le côté de la Lune qui fait face à la Terre est complètement dans l'ombre et invisible pour nous.

8

La dernière phase, le dernier croissant, est suivie par la nouvelle lune.

Travaux à effectuer suivant la lune

Travaux en lune croissante

Pour déterminer ce qu'il faut faire en lune croissante, on peut se servir comme d'un moyen mnémotechnique que celle-ci fait monter la sève dans les plantes et favorise donc leur croissance.

Au potager	➢ D'une manière générale, cette période est favorable aux semis des plantes dont il faut stimuler la croissance, par exemple pour qu'elles fleurissent et se mettent en graines. ➢ Dans les terres pauvres et sèches, il y a souvent intérêt à semer en lune croissante. ➢ C'est aussi le moment où l'on pince les légumes. ➢ Puisqu'il faut favoriser la reprise, c'est à cette période que l'on repique les légumes fruits (tomates, concombres, cornichons, poivrons, aubergines, piments). ➢ La lune croissante est également favorable aux soins et aux traitements de tous les légumes.
Au verger	➢ C'est la meilleure période pour planter les arbres fruitiers, qui reprendront mieux. ➢ Les arbres fruitiers faibles seront aussi taillés à ce moment, puisque l'on n'a pas de risque d'emballement de la végétation aux dépens de la floraison. ➢ Là encore, c'est le moment des traitements pour les arbres.
Au jardin d'ornement	➢ On sèmera les annuelles à fleurs, on repiquera ou on transplantera les plantes vivaces. ➢ Les arbustes sont taillés en lune croissante : ceux à floraison estivale en automne ou en hiver, ceux à floraison printanière après leur floraison.
Récoltes	➢ Pour un profit optimal des éléments nutritifs des légumes, les légumes racines et à bulbe sont récoltés en lune croissante, de même pour les plantes médicinales et aromatiques.

Travaux en nouvelle lune

La nouvelle lune proprement dite n'est pas favorable au jardinage. Seul le greffage, en particulier le greffage en fente, se pratique traditionnellement autour de la nouvelle lune.

Travaux en lune décroissante

On se rappellera qu'une lune en décours va de pair avec le reflux de la sève dans les racines : c'est donc la période favorable pour les légumes-racines, les tailles et le travail du sol.

Au potager	➢ En semant et en replantant en décours, on tend à éviter la montée à graine. C'est le cas des légumes à bulbe, des légumes formant des pommes comme les salades et les choux, mais aussi des poireaux. C'est aussi à ce moment que l'on sème généralement les haricots et les pois. ➢ C'est lors de la lune décroissante que l'on effectue les travaux de la terre. ➢ Dans les sols riches et humides, les terres fortes, les semis et les plantations se font de préférence en décours de lune.
Au verger	➢ La taille de formation ou d'entretien des fruitiers vigoureux se fait en lune décroissante, pour éviter qu'ils ne fassent du bois plutôt que des fruits. Les tailles en vert d'été se font de préférence en décours. ➢ Les greffes en écusson sont effectuées plutôt en lune décroissante.
Au jardin d'ornement	➢ Les haies sont élaguées en décours pour limiter leur développement, à moins qu'il ne s'agisse de jeunes plants dont il faut favoriser la croissance. ➢ Le gazon est tondu de préférence en lune décroissante.
Récoltes	➢ Si possible, on récolte les fruits, les bulbes et les légumes devant se conserver. Le décours était aussi autrefois le moment privilégié des vendanges et des moissons.

Travaux à la pleine lune

On évite tous semis au moment de la pleine lune. Cependant, les semis effectués deux ou trois jours avant la pleine lune sont réputés avoir une germination optimale. En jardinage biodynamique, on conseille de planter les pommes de terre à la peine lune, de même que semer les pois et les haricots.

Le cycle invisible
lune montante ou descendante

Comprendre le cycle périodique

Le temps que met la Lune pour accomplir un tour complet de l'orbite terrestre peut se définir non seulement par le cycle synodique (calculé par rapport au Soleil), mais également par le cycle sidéral, ou périodique (calculé par rapport aux étoiles). Pendant que la Lune tourne autour de la Terre, celle-ci ne reste pas immobile dans l'espace, mais se déplace à son tour autour du Soleil. Calculée par rapport aux étoiles, que nous considérons comme des points de référence, la période de révolution lunaire dure 27 jours, 7 heures et 43 minutes.

Le temps qui s'écoule entre deux phases lunaires (le cycle synodique, de 29 jours, 12 heures et 44 minutes) est un peu plus long car, à chaque révolution de la Lune autour de la Terre, cette dernière progresse sur son orbite autour du Soleil. Au terme du cycle sidéral, on n'observe donc pas encore la nouvelle lune : il faut attendre deux jours supplémentaires pour que la Terre, la Lune et le Soleil soient de nouveau alignés.

On parle de lune montante, ou ascendante, et descendante parce que sa trajectoire, ou écliptique, monte et descend par rapport à la trajectoire du Soleil.

Il n'est pas tout à fait exact de parler d'un cycle invisible, mais il est difficile à discerner au quotidien et n'est pas mentionné dans les calendriers ordinaires.

LUNES CROISSANTE ET DÉCROISSANTE, LUNES MONTANTE ET DESCENDANTE

Lunes montante et descendante et lunes croissante et décroissante sont deux cycles bien distincts, qui n'ont pas la même durée et ne sont pas coordonnés. La lune peut à la fois monter et décroître et inversement.
Il n'y a pas de lien entre la forme lumineuse de la lune et son mouvement dans le ciel.

Cycle invisible

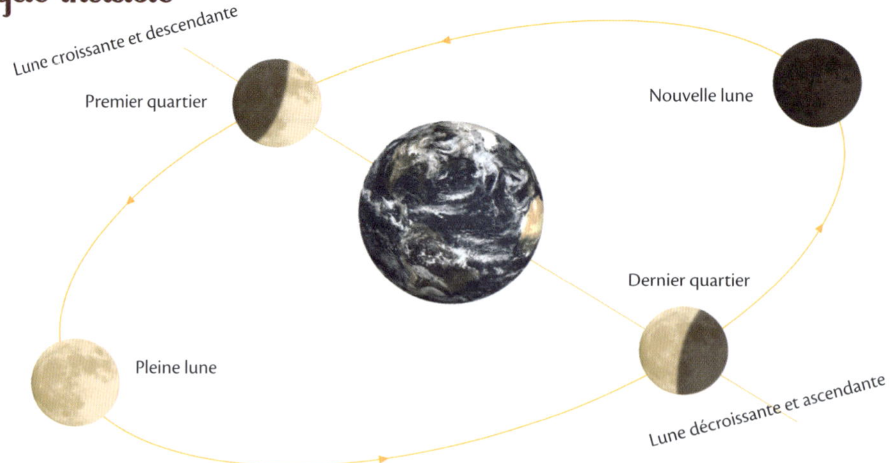

Nœuds lunaires

Les nœuds lunaires sont les périodes pendant lesquelles la Lune coupe le plan de rotation de la Terre (l'écliptique) autour du Soleil. Ce phénomène, qui ne dure que quelques heures, s'observe deux fois par mois.

On parle de nœud lunaire descendant lorsque la Lune descendante coupe le plan de rotation de la Terre autour du Soleil. Lorsque la Lune ascendante coupe une nouvelle fois l'écliptique, on parle de nœud ascendant.

Ces périodes sont réputées perturber la végétation et inhiber la germination. Mieux vaut alors ne pas semer ou travailler au jardin cinq heures avant et après ces « nœuds », qui se produisent à des heures très précises.

Nœuds lunaires

Les passages des nœuds lunaires sont des moments où il faut éviter de jardiner pendant quelques heures. Cela se produit généralement deux fois par mois.

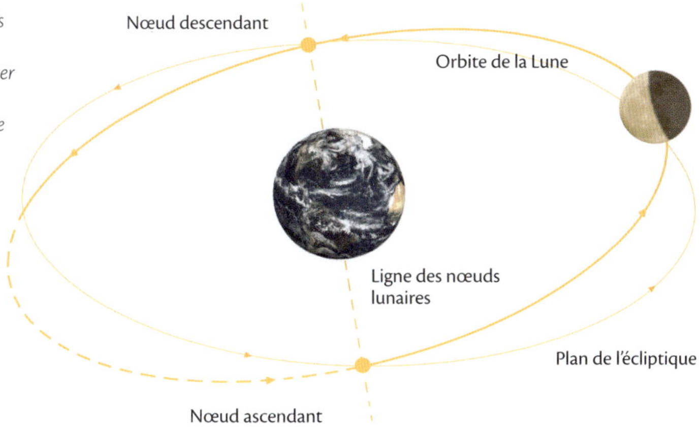

Apogée et périgée

La Lune ne tourne pas autour de la Terre de manière égale mais selon une courbe elliptique. Le moment où elle se trouve le plus éloignée de la Terre se nomme apogée (de *apo*, « lointain », et de *gaïa*, « terre »), le moment où elle en est le plus proche, le périgée (de *péri*, « proche »). À son apogée, la Lune se trouve à 406 500 km de la Terre, et à 356 400 km au plus près. Périgée et apogée sont considérés comme des périodes néfastes pour le jardinage. On conseille souvent de ne rien faire 24 heures avant et après le périgée, et 48 heures avant et après l'apogée.

Les éclipses

Lorsque le Soleil, la Lune et la Terre sont parfaitement alignés dans l'espace et sont proches d'un nœud, survient alors une éclipse. Il en existe de deux types : celles du Soleil ont lieu lorsque la Lune s'interpose entre la Terre et le Soleil. Les éclipses lunaires ont lieu lorsque la Terre se trouve entre le Soleil et la Lune.

Les éclipses de Lune sont également considérées comme néfastes pour le travail au jardin.

Certains calendriers lunaires déconseillent également le travail du jardin au moment des équinoxes.

Apogée et périgée

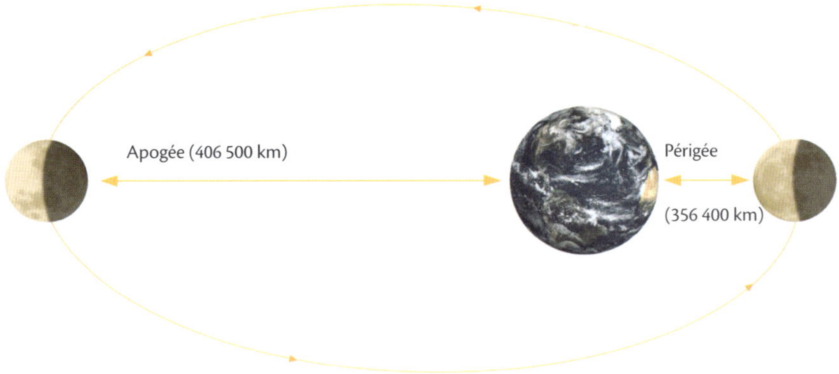

Travaux à effectuer suivant la lune

Travaux en lune montante

La lune montante favorise les parties aériennes des plantes, alors que la lune descendante favorise les racines, selon un principe analogue aux phases de croissance et de décroissance. Cependant, ces deux cycles n'étant pas coordonnés, il est difficile de respecter l'un et l'autre à la fois.

Au potager	➢ Cette période est favorable à tous les légumes dont on récolte les feuilles, qu'il s'agisse de semis, de repiquages, de soins ou de récoltes. ➢ C'est aussi en lune montante que les graines germent le mieux, c'est pourquoi tous les semis sont effectués à cette période.
Au verger	➢ La taille des arbres fruitiers se fait en lune montante, sauf pour les arbres très vigoureux. C'est à cette période que l'on prélève les greffons et que l'on procède à toutes les greffes. ➢ Les traitements sont à donner de préférence dans cette période.
Au jardin d'ornement	➢ Rosiers et arbustes sont taillés en lune montante. La pelouse est aussi tondue à ce moment.
Récoltes	➢ On récolte tous les fruits, les légumes-feuilles et les légumes-fruits (tomates, concombres, etc.).

Travaux à effectuer suivant la lune

Travaux en lune descendante

On se rappellera qu'une lune en décours va de pair avec le reflux de la sève dans les racines : c'est donc la période favorable pour les légumes racines, les tailles et le travail du sol.

Au potager	➢ La lune descendante est favorable aux légumes-racines (carottes, navets, radis, betteraves, choux-raves) et aux bulbes (ail, oignon), pour les semis et les repiquages. ➢ C'est également en lune descendante que l'on enfouit les engrais verts. Tous les travaux du sol, l'enfouissement des engrais et les amendements sont effectués de préférence à ce moment, car il est favorable à la vie microbienne. ➢ C'est aussi en lune descendante que l'on prélève les boutures.
Au verger	➢ La période est propice aux plantations et aux transplantations des arbres fruitiers.
Au jardin d'ornement	➢ C'est le moment de récupérer les bulbes de fleurs.
Récoltes	➢ Récolter les légumes-racines et à bulbes, notamment les pommes de terre.

La lune
et le zodiaque

La Lune a aussi un rythme sidéral, défini par le mouvement des étoiles. Dans son parcours, elle passe devant les douze constellations du zodiaque. Les constellations sont des regroupements d'astres formant des figures imaginaires, d'animaux (zodiaque vient du grec *zôon*, « animal ») et de personnages. Elles ont été imaginées par les hommes pour leur servir de repères d'orientation. En réalité, les étoiles formant une figure du zodiaque sont souvent très éloignées les unes des autres, de dizaines d'années de lumière parfois. Les astrologues grecs du Ve siècle av. J.-C. ont fait correspondre ces constellations aux mois de l'année. Mais d'un point de vue strictement astronomique, les constellations étant de dimensions très variables, le transit du Soleil et de la Lune devant ces constellations est de durée très variable (entre quelques jours et un mois et demi), et non égal à un mois.

Selon le calendrier biodynamique de Maria Thun, les influences des astres, relayées et amplifiées quand la Lune passe devant chaque constellation, sont plus importantes que celles de la lune elle-même.

La Lune dans le zodiaque indique sa position dans chacun des douze signes du zodiaque, c'est-à-dire les constellations célestes qui ceinturent la Terre. Chaque signe ou constellation ayant l'énergie d'un des quatre éléments qui la gouverne (Eau, Terre, Air et Feu), elle permet de déterminer quelle action entreprendre au jardin. Ainsi pour chaque jour, en fonction de la position de la lune dans le ciel, montante ou descendante, et du fait qu'elle traverse dans sa révolution de 27 jours (cycle sidéral) les diverses constellations, on se trouve en présence de jours feuilles, de jours fruits, de jours racines ou de jours fleurs.

– **Aux constellations de Terre (Taureau, Vierge et Capricorne)** correspondent les plantes-racines (ail, betterave, carotte, navet, échalote, oignon, radis, pomme de terre…), les fleurs à bulbes et autres légumes poussant dans le sol. La lune prévilégie les racines et

Cadran à Venise indiquant les phases de la lune et le zodiaque.

Éléments et zodiaque

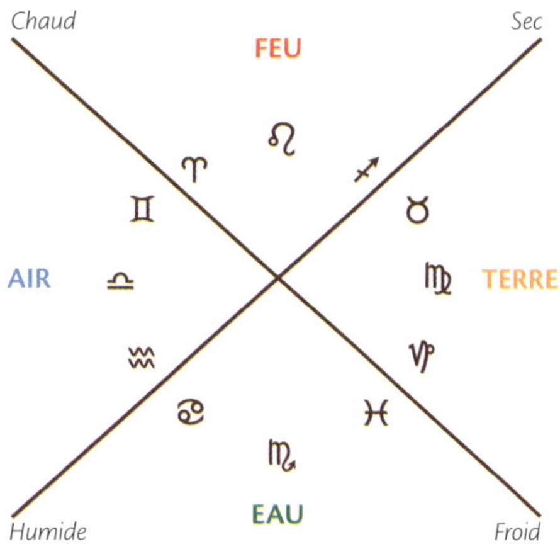

les écorces. Sous son influence, il est conseillé d'effectuer des travaux de préparation du sol, les semis et le binage.

– **Aux constellations d'Air (Gémeaux, Balance et Verseau)** correspondent les plantes-fleurs : les fleurs annuelles et vivaces, les arbres et les arbustes à fleurs, les plantes aromatiques et médicinales dont on récolte les fleurs.

– **Aux constellations d'Eau (Poissons, Cancer et Scorpion)** correspondent les plantes-feuilles (céleri, chicorée, choux, cresson, épinard, laitue, poireau) et les plantes aromatiques et médicinales dont on récolte le feuillage. L'eau est l'origine et la source de la vie, elle purifie et régénère. Cet élément influence particulièrement les parties les plus aqueuses de la plante (tige et feuille, gorgées de sève).

– **Aux constellations de Feu (Bélier, Lion et Sagittaire)** correspondent les plantes-fruits (aubergine, céréales, concombre, courge, fève, fraise, framboise, haricot, melon, piment, pois, citrouille, tomate) et les arbres fruitiers. Symbolisant la régénération, le feu est un élément qui apporte à la plante la chaleur indispensable à la maturité du fruit et de la graine pour la reproduction.

Correspondance Eléments - Constellations - Plantes

Feu Bélier, Lion, Sagittaire	**Légumes-fruits :** tomate, concombre, cornichon, poivron, aubergine, courgette, melon, potiron... Tous les fruits.
Eau Cancer, Scorpion, Poissons	**Légumes-feuilles :** salades, choux, épinard, céleri-branche, fenouil, persil, poirée (bette), tétragone, asperge, poireau...
Terre Taureau, Vierge, Capricorne	**Légumes-racines :** carotte, panais, salsifis, ail, oignon, échalote, betterave, céleri-rave, rutabaga, chou-rave, crosne, endive (mais forçage en période de légumes-fruits), navet, pomme de terre, radis, topinambour...
Air Gémeaux, Balance, Verseau	**Légumes-fleurs :** pois, haricots, fèves, artichaut, brocoli, chou-fleur, maïs doux... Roses, fleurs à bulbes, annuelles et vivaces.

Lune et constellations

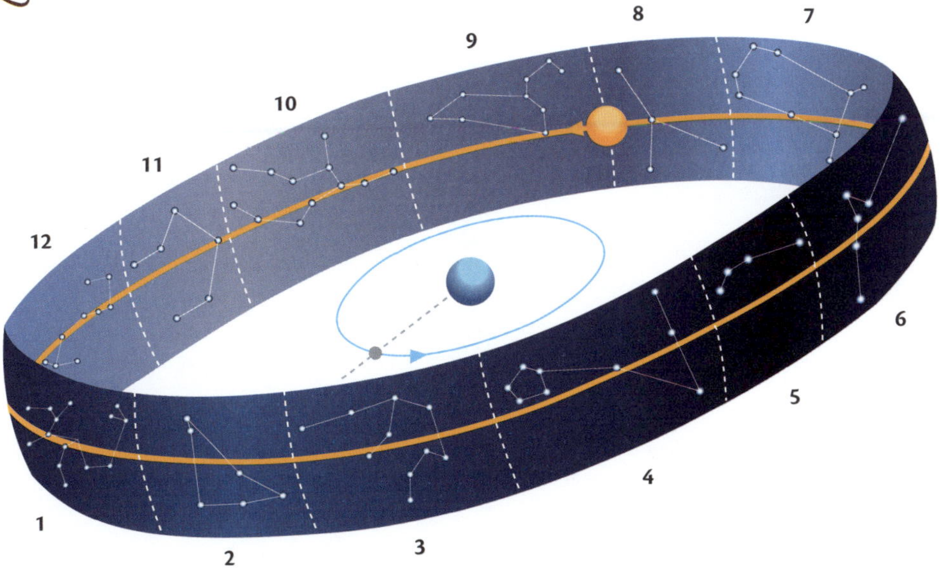

Écliptique

Soleil

Terre

Lune

Orbite lunaire

1 – Sagittaire ♐

2 – Capricorne ♑

3 – Verseau ♒

4 – Poissons ♓

5 – Bélier ♈

6 – Taureau ♉

7 – Gémeaux ♊

8 – Cancer ♋

9 – Lion ♌

10 – Vierge ♍

11 – Balance ♎

12 – Scorpion ♏

Les signes du zodiaque et le jardinage

♈	**Bélier**	Fruit	Récoltez les légumes-racines et les fruits pour l'entreposage. Travaillez le sol, arrachez les mauvaises herbes et détruisez les insectes.
♉	**Taureau**	Racine	La seconde meilleure période pour les plantations et les transplantations. Bon pour les légumes-racines et les pommes de terre, surtout lorsque la rusticité est un facteur important. Est aussi un bon signe pour les légumes-feuilles comme la laitue, les choux et les épinards.
♊	**Gémeaux**	Fleur	Récoltez les légumes-racines et les fruits pour l'entreposage. Travaillez le sol, arrachez les mauvaises herbes et détruisez les ravageurs. Les semis de melons, courges et citrouilles répondent bien sous ce signe.
♋	**Cancer**	Feuille	Le meilleur signe pour toutes les plantations et les transplantations. Aussi bon pour le greffage et l'irrigation.
♌	**Lion**	Fruit	Cultivez, récoltez les légumes-racines et les fruits pour l'entreposage. Une excellente période pour arracher les mauvaises herbes et détruire les ravageurs, surtout dans le dernier quartier.
♍	**Vierge**	Racine	Les fleurs rampantes et grimpantes sont favorisées par ce signe. Travaillez le sol, arrachez les mauvaises herbes et détruisez les ravageurs.
♎	**Balance**	Fleur	Le meilleur signe pour la plantation des fleurs odorantes, des plantes grimpantes, des fines herbes et des plantes aromatiques. Bon pour la plantation des légumes à tiges pulpeuses et des légumes-racines.
♏	**Scorpion**	Feuille	Le meilleur signe pour les plantations arbustives et grimpantes. Les tomates aiment être transplantées sous l'influence de ce signe. Il en est de même pour les semis de maïs et de Cucurbitacées. Le greffage et la taille faits sous ce signe dans le troisième et le quatrième quartier retardent la croissance et amènent une meilleure production fruitière. Également un bon signe pour l'irrigation et les transplantations.

♐	**Sagittaire**	Fruit	Récoltez les légumes-racines et les oignons pour l'entreposage, plantez les arbres et les arbustes fruitiers. Un bon signe pour travailler le sol.
♑	**Capricorne**	Racine	Bon pour la plantation des pommes de terre et autres légumes-racines. Les travaux faits sous son influence encourageront une repousse forte et vigoureuse. Bon pour le greffage, la taille nécessitant une bonne cicatrisation et l'application de fertilisants organiques.
♒	**Verseau**	Fleur	Récoltez les légumes-racines et les fruits d'entreposage. Travaillez le sol, arrachez les mauvaises herbes et détruisez les ravageurs.
♓	**Poissons**	Feuille	C'est une très bonne période pour les plantations et les transplantations, de même que pour la croissance des racines et l'irrigation.

Le potager bio

Ail

(*Allium sativum*)

Cultivé en Chine il y a 5 000 ans, très apprécié par les Égyptiens, les Grecs et les Romains de l'Antiquité, l'ail a de tous temps été apprécié pour ses attraits culinaires, mais aussi pour ses vertus thérapeutiques ou son aura rituelle : après tout, ne sert-il pas à éloigner les vampires ?

Plantation : **octobre-novembre ou février-mars**

Récolte : **juin-juillet**

Pour une culture réussie

Plantation : l'ail de printemps se plante dès le mois de janvier en fonction des conditions météorologiques et de l'état des sols. Si de bonnes conditions ne sont pas réunies, mieux vaut attendre le mois de mars. L'ail d'automne et d'hiver se plante entre la mi-octobre et la fin décembre dans les régions bénéficiant d'un climat doux.

Sol et exposition : le sol doit être léger, profond et bien drainé et de préférence en exposition bien ensoleillée. D'ailleurs, d'une manière générale, l'ail préfère la douceur ou même la chaleur plutôt que l'humidité.

Entretien : il n'est pas compliqué, l'essentiel étant de garder le sol propre entre les plants.

Récolte : la récolte de l'ail de printemps s'effectue en juillet et août, en arrachant les bulbes à la fourche-bêche dès que les feuilles commencent à jaunir. Il en va différemment pour l'ail d'automne et d'hiver : feuilles et bulbes se savourent en vert au mois de mai, avec un arrachage progressif effectué en fonction des besoins. Les pieds qui restent éventuellement doivent être déterrés à la fourche-bêche quand l'extrémité des feuilles est devenue sèche.

Plantes amies et ennemies

Les meilleures plantes amies de l'ail sont la betterave, la carotte, la laitue, la pomme de terre, la tomate, le fraisier et le pêcher. Par contre, l'ail doit être éloigné du haricot, de la fève et du pois.

Jardinage avec la Lune

La préparation et l'enrichissement du sol, la plantation, l'entretien et la récolte doivent être réalisés en lune descendante, lorsque celle-ci passe devant la constellation de la Vierge.

Ennemis et maladies

L'ail redoute la teigne de l'ail et la rouille.

Les meilleures variétés

* **Il existe surtout deux types d'ail, l'ail blanc et l'ail rose.** *Le premier est le plus rustique ('Blanc de la Drôme'), le second plus hâtif et plus résistant à l'humidité ('Violet de Cadours'). Citons aussi l'ail 'Rose de Lautrec', pour les plantations d'automne ou de printemps.*

Artichaut

(Cynara scolymus)

Introduit dans nos régions au XVe siècle grâce à Catherine de Médicis, l'artichaut ne devient populaire que quatre cents ans plus tard, avec le développement de sa culture en Bretagne.

Plantation : **mars-avril, septembre-octobre**
Récolte : **avril à août**

Pour une culture réussie

Plantation : l'artichaut est planté en mars et avril (dans les régions à climat frais comme la Bretagne), ou en septembre-octobre (dans les régions à climat doux).

Sol et exposition : cette plante vivace aime un sol travaillé en profondeur, enrichi de fumier.

Entretien : l'entretien se résume à quelques opérations simples : griffez et désherbez le sol, arrosez et paillez la surface, coupez les tiges florales et les feuilles abîmées au ras du sol avant les premières gelées, dégagez partiellement les touffes pendant les périodes plus douces (cela évitera l'apparition de pourriture), apportez du compost au printemps.

Récolte : en fonction des régions, la récolte s'effectue entre avril et septembre, avant l'ouverture des écailles centrales. Une consommation immédiate est à privilégier.

Plantes amies et ennemies

Ce légume-fleur apprécie d'être installé à un emplacement occupé précédemment par un légume-racine. Il aime aussi la compagnie des divers choux, des fèves, des haricots, de l'ensemble des laitues, des oignons, des pois et des radis.

Jardinage avec la Lune

La plantation, l'entretien et la multiplication doivent être réalisés en lune descendante, lorsque celle-ci passe devant les constellations de la Balance et des Gémeaux. La récolte doit être effectuée en lune ascendante, lorsque celle-ci passe devant la constellation du Verseau.

Les meilleures variétés

'Gros vert de Laon', résistant au froid ; 'Gros camus de Bretagne', 'Blanc d'Hyères', 'Vert de Provence', 'Violet de Toscane'.

Ennemis et maladies

L'artichaut redoute les limaces et les pucerons, il se montre sensible à la maladie grise ainsi qu'au blanc.

Aubergine

(Solanum melongena)

Bien qu'elle soit depuis longtemps cultivée dans diverses régions d'Afrique et même en Chine, l'aubergine passe aujourd'hui pour être typiquement méditerranéenne. Si tout le monde apprécie sa saveur et si elle est désormais un légume à succès, l'aubergine se mérite : elle demande toute l'attention du jardinier.

Semis :	**février-mars**
Plantation :	**avril-mai-juin**
Récolte :	**juillet à octobre**

Pour une culture réussie

Semis et repiquage : semée sous châssis dès le mois de février (dans le Midi), voire en mars-avril (dans les autres régions, et notamment au nord de la Loire), l'aubergine est repiquée environ un mois plus tard, lorsque les plants arborent une demi-douzaine de feuilles. Ils sont alors installés en godets remplis d'un mélange de terre et de terreau.

Plantation : la plantation s'effectue bien après les dernières gelées : en avril dans le Midi, mais seulement fin mai-début juin dans toutes les autres régions.

Sol et exposition : en sol fertile, riche en humus et frais, de préférence en plein soleil.

Entretien : un arrosage régulier par temps sec est indispensable (au pied, jamais sur les feuilles), de même qu'un paillage du sol en été pour en conserver la fraîcheur. En effet, l'aubergine redoute les sols trop secs. Et comme elle craint aussi les terres trop pauvres, un apport de compost n'est jamais négligeable.

Taille : elle vise uniquement à accélérer la formation des fruits et reste moins indispensable dans le Midi : il suffit de supprimer systématiquement les pousses apparaissant à la base des tiges.

Plantes amies et ennemies

Les meilleures plantes amies de l'aubergine sont le haricot nain, la carotte, le radis (qui apprécie aussi l'ombre fournie par l'aubergine) et la laitue.

Jardinage avec la Lune

La préparation et l'enrichissement des sols, le repiquage, la plantation, l'entretien et la taille doivent être effectués en lune descendante, de préférence en jour-fruit, quand la Lune passe devant la constellation du Lion. Le semis et la récolte doivent être réalisés en lune ascendante, quand la Lune passe devant les constellations du Bélier et du Sagittaire.

Les meilleures variétés

* **'De Barbentane' :** *cette variété porte le nom de la première ville où fut cultivée l'aubergine en France. Précoce, elle est aussi très productive.*
* **'Blanche ronde' :** *la taille, la couleur et la forme de ses fruits lui ont valu le surnom de « plantes à œufs ». Voici une variété parfaite pour la culture en pot ou en bac.*
* **'Black Beauty' :** *se distingue par sa forme ronde.*
* **'Baluroi F1' :** *aux fruits allongés, a une couleur presque noire.*
* **'Bonica F1' :** *variété productive et tolérante aux maladies, fournit des aubergines ovoïdes, à la chair ferme.*

Ennemis et maladies

L'aubergine est sensible aux attaques de doryphores, d'araignées rouges, de pucerons et de limaces. Elle redoute aussi l'oïdium et le mildiou.

Brocoli

(Brassica oleracea var. botrytis)

Le brocoli nous vient d'Italie, où il est apprécié depuis fort longtemps. En France, son succès est plus modeste et, surtout, beaucoup plus récent. Aujourd'hui, on en trouve de nombreuses variétés aux saveurs plus ou moins marquées.

Semis : **février à août**

Récolte : **juin à novembre**

Pour une culture réussie

Semis et repiquage : le brocoli se sème en pépinière de mars à juillet et est repiqué dans un sol ameubli et enrichi en compost ou en fumier, environ un mois plus tard. Les plants doivent être enterrés jusqu'aux premières feuilles et généreusement arrosés.

Sol et exposition : le brocoli demande une terre enrichie depuis quelques mois et maintenue fraîche, ainsi qu'un climat tempéré et une exposition ensoleillée.

Entretien : l'élimination des mauvaises herbes et le paillage du sol dès qu'il est réchauffé font partie de l'entretien courant.

Récolte : la récolte s'effectue au fur et à mesure des besoins, entre juillet et novembre.

Plantes amies et ennemies

Faisant partie de la famille des Brassicacées, le brocoli est un légume assez facile, qui s'entend bien avec la betterave, le céleri, le concombre, le haricot, le pois, la pomme de terre et la tomate. Il redoute, par contre, la proximité des fraisiers.

Jardinage avec la Lune

La préparation et l'enrichissement du sol, le repiquage et l'entretien doivent être effectués en lune descendante, lorsque celle-ci passe devant les constellations de la Balance et des Gémeaux. Le semis et la récolte doivent être effectués en lune ascendante, lorsque celle-ci passe devant la constellation du Verseau.

Les meilleures variétés

* **Choux brocolis à jets (dits aussi « asperges ») :** *'Genji', F1, précoce, à grains fins ; 'Marathon', F1, grosse pomme suivie de plus petites, semis en toutes saisons ; 'Romanesco', précoce, semis d'avril à début juin ; 'Minaret', semis à partir de début juin ; 'Spigariello', végétation rapide, semis de juillet à octobre ; 'Vert Calabrais' peut être semé directement en place.*
* **Choux brocolis branchus :** *'Blanc hâtif', petites pommes blanches ; 'Red Arrow', très hâtif ; 'White Star', tardif.*

Ennemis et maladies

Le brocoli est relativement sensible et redoute les altises, les limaces, la mouche du chou, la noctuelle du chou et les piérides. Il peut aussi être attaqué par la fonte des semis ou la hernie du chou.

Carotte

(Daucus carota)

La carotte est loin d'être une nouveauté au potager : elle était déjà cultivée en Iran dans le courant du Xe siècle. Il faut encore attendre deux cents ans avant qu'elle n'arrive en Europe, *via* l'Espagne, l'Italie et la France. Initialement, la carotte est plutôt blanche ou jaune ; elle ne deviendra orange qu'à la suite d'innombrables croisements et sélections.

Semis : **avril à juillet**

Récolte : **août à octobre**

Pour une culture réussie

Semis et repiquage : le semis des carottes de printemps s'effectuent en janvier ou février sur couche, dans une caisse ou sous châssis. Après la levée, il ne faut conserver que les plants les plus vigoureux, en les espaçant d'environ 3 à 4 cm. Attention, les carottes germent assez lentement : il ne faut donc pas s'étonner de devoir attendre trois semaines (ou plus) pour voir apparaître la première fane.

Sol et exposition : sol léger, retenant bien l'humidité et bien ameubli. Les terres argileuses ne conviennent pas non plus. Exposition ensoleillée.

Entretien : pour éviter les carottes tordues ou fourchues, il est conseillé de bien ameublir le terre et d'éliminer soigneusement tous les cailloux, mais aussi d'éviter les apports de matières organiques fraîches. Un paillage est encore à recommander dans la mesure où il permet d'éviter la formation de carottes éclatées qui sont généralement la conséquence d'une longue période pluvieuse suivie d'une période de sécheresse.

Récolte : les carottes de printemps s'arrachent environ dix semaines après le semis.

Plantes amies et ennemies

Les meilleures plantes amies de la carotte sont le poireau, l'oignon, l'ail, l'échalote et la ciboulette : ces plantes odorantes font fuir la mouche de la carotte. Autres plantes amies : les choux, les fèves, les épinards, les pois, les radis, les tomates, les céleris et les haricots. Par contre, les carottes doivent éviter le voisinage du fenouil et de l'aneth.

Jardinage avec la Lune

La préparation et l'enrichissement des sols, l'éclaircissage, l'entretien et la récolte doivent être réalisés en lune descendante, quand elle passe devant la constellation de la Vierge. Le semis doit être réalisé en lune ascendante, devant les constellations du Capricorne et du Taureau. La multiplication doit être effectuée en lune ascendante, quand elle passe devant les constellations du Bélier et du Sagittaire.

Ennemis et maladies

La mouche de la carotte, les araignées rouges et les limaces sont les pires ennemis de la carotte, qui craint aussi la fonte des semis et l'oïdium.

Les meilleures variétés

* **Voici des variétés qui se prêtent le mieux à la culture en pleine terre et qui se conservent bien l'hiver.** *'Boltex', 'Buror', 'Chantenay à cœur rouge', 'De Carentan', 'De la Halle', 'De Luc', 'De Meaux', 'Nanco', 'Nantaise améliorée', 'De Colmar à cœur rouge', 'Ivor', 'Jaune du Doubs', 'Saint-Valéry'.*

Chou-fleur

(Brassica oleracea var. botrytis)

Originaire de Chine, le chou-fleur est arrivé en Europe *via* le Moyen-Orient. D'abord apprécié en Espagne, il a peu à peu gagné le reste du continent, et notamment la France dès le XVIe siècle.

Semis : **février à juin**
Récolte : **mars à décembre**

Les meilleures variétés

* **Pour les régions de Bretagne et le sud de la Loire :** *'Merveille de toutes saisons', 'Géant d'automne Primus'.*
* **Pour les régions du Midi et du littoral atlantique :** *'Hâtif d'Angers', 'Pavillon', 'Walcheren Winter'.*
* **Pour le Nord et l'Est :** *'Dinnet', 'White Magic'.*

Pour une culture réussie

Semis : on distingue le chou-fleur hâtif, qui se sème en fin d'hiver et au printemps (février-mars) sous châssis pour une récolte de printemps ; celui de moyenne saison, qui peut être semé en pleine terre, en pépinière (mai-juin) pour une récolte en été ; et celui d'hiver, qui est aussi semé en pleine terre (mai-juin) pour une récolte en automne ou en hiver. Dans tous les cas, recouvrez peu les graines. Repiquez les plants quand ils ont 4-5 feuilles, à 80 cm d'écartement. Apportez à ce moment du compost à chaque pied.

Sol et exposition : terre enrichie quelques mois avant la plantation et maintenue fraîche durant la culture. Évitez les sols calcaires ou alcalins (pH supérieur à 7). Exposition ensoleillée.

Entretien : le chou-fleur n'apprécie pas la sécheresse. Arrosez en période estivale. Protégez aussi les variétés d'automne et d'hiver des gelées. Binez et sarclez.

Récolte : cueillez les pommes de chou-fleur quand elles sont encore fermes et déjà bien développées (8 cm de diamètre). N'attendez pas que le bouton floral s'épanouisse, car il est alors impropre à la consommation. Coupez la tige sous le bouton, en conservant quelques feuilles tout autour. La récolte se fait environ 3 mois après la plantation.

Plantes amies et ennemies

S'il n'apprécie pas la présence des fraisiers, le chou-fleur aime la betterave, le céleri (à côtes ou rave), le concombre, le cornichon, l'épinard, le haricot, le panais, le pois, la pomme de terre ou la tomate.

Jardinage avec la Lune

La préparation et l'enrichissement du sol, le repiquage, la plantation et l'entretien doivent être effectués en lune descendante, lorsque celle-ci passe devant les constellations de la Balance et des Gémeaux. Le semis et la récolte doivent être effectués en lune ascendante, lorsque celle-ci passe devant la constellation du Verseau.

Ennemis et maladies

Altises, limaces, mouches du chou, noctuelles et piérides sont les principaux ennemis du chou-fleur qui est aussi sensible à la fonte des semis et à la hernie du chou.

Chou pommé

(*Brassica oleracea*)

On distingue deux sortes de choux pommés : ceux à feuilles lisses (ou choux cabus) et ceux à feuilles cloquées (ou choux de Milan). Les premiers sont connus en France depuis le XIIIe siècle et ont longtemps fait partie de l'alimentation de base des populations.

Semis : **février-mars, mai-juin, août-septembre**

Récolte : **toute l'année selon les variétés**

Pour une culture réussie

Semis et repiquage : les choux pommés sont semés en pépinière ou sous châssis et sur couche selon la saison. Ils sont ensuite repiqués en pépinière 4 semaines après environ. Semez en août-septembre les variétés qui seront récoltées le printemps suivant ; semez en février-mars, sous châssis et sur couche, celles dont la récolte se fera en été et en automne ; enfin, semez en mai-juin les choux d'hiver. Le repiquage en place se fait à 50-60 cm d'écartement.

Sol et exposition : le sol doit être profond et frais, bien drainé. Les choux n'apprécient pas les sols acides. Il faut un climat humide et une exposition ensoleillée.

Entretien : maintenez le sol frais, car un excès de chaleur et une sécheresse prolongée facilitent le développement de parasites et donnent des pommes petites et déformées. Binez et sarclez pour limiter les arrosages. Paillez si besoin.

Récolte : selon les variétés, au printemps, en été ou en hiver. Récoltez avant que la pomme n'éclate : quand les feuilles du dessus commencent à jaunir. Coupez au ras du sol.

Plantes amies et ennemies

S'il faut les tenir à distance des échalotes, des fraisiers, des oignons, des poireaux et des radis, on peut rapprocher ces choux des betteraves, des céleris, des concombres, des cornichons, des haricots, des laitues, des pois, des pommes de terre, des tomates ainsi que de la majorité des herbes et plantes aromatiques. Ces dernières tiennent leurs principaux parasites à distance.

Jardinage avec la Lune

La préparation et l'enrichissement du sol, le repiquage, la plantation et l'entretien doivent être effectués en lune descendante, lorsque celle-ci passe devant les constellations du Cancer et du Scorpion. Le semis et la récolte doivent être effectués en lune ascendante, lorsque celle-ci passe devant la constellation des Poissons.

Ennemis et maladies

Altises, limaces, mouches du chou, noctuelles du chou et piérides sont les principaux ennemis du chou pommé, qui redoute aussi la hernie du chou et la fonte des semis.

Les meilleures variétés

* **Choux cabus :** *pour le printemps, 'Cap Horn', pomme pointue ; 'Express', très précoce ; 'Golden Acre', très précoce, à pomme ronde ; 'Nozomi', très hâtif et d'excellente qualité gustative ; pour l'été et l'automne, 'Cœur de bœuf gros', grosse pomme conique ; 'Nantais hâtif', pomme ronde vert foncé ; 'Tête de pierre', pomme ronde et compacte ; pour l'hiver, 'Lennox', pomme ronde gris-vert ; 'Rookie', chou rouge à belle pomme ronde.*
* **Choux de Milan :** *pour une récolte d'été et d'automne, 'Chirimen', résiste bien au chaud comme au froid ; 'Gros des vertus', pomme ronde ; 'Roi des Milans' ; pour une récolte d'hiver, 'D'hiver de Pontoise', à grosse pomme serrée ; 'Wintessa', très résistant aux gelées.*

Concombre et cornichon

(*Cucumis sativus*)

Cultivés depuis longtemps en Inde, les concombres et les cornichons n'apparaissent en Europe qu'à l'époque de Charlemagne. Mais la culture du concombre ne commence réellement dans nos régions que sous le règne de Louis XIV.

Semis : **mars à juin**
Récolte : **juin à septembre**

Les meilleures variétés

* **Concombres :** *'Aramon', F1, très bonne résistance à l'oïdium, pour les régions chaudes ; 'Rawa', F1, mini-concombre au goût excellent, rustique ; 'Early Set', F1, rustique ; 'Vert long de Chine', aux fruits de 1 m de long.*
* **Cornichons :** *'Belcanto', très productif ; 'Fin de Meaux' ; 'Stimora Mix', F1, fruits non amers, résistant à la mosaïque ; 'Vert petit de Paris' ; 'Amélioré de Bourbonne', fruits jeunes en cornichons et, plus gros, en concombres.*

Pour une culture réussie

Semis et repiquage : certaines variétés de concombres et de cornichons apprécient les semis en pleine terre, mais d'autres préfèrent les semis à chaud. Pour les premières, les semis s'effectuent en place entre avril et juin, le plant le plus vigoureux de chaque poquet étant le seul à être ensuite sélectionné.

Sol et exposition : sol fertile, argilo-siliceux, meuble et bien drainé. En raison de ses origines asiatiques, la plante a besoin de chaleur, mais craint l'excès d'humidité.

Entretien : un sol propre et biné, un épandage superficiel de cendres de bois et des arrosages réguliers sont importants.

Taille : les variétés à concombres doivent être taillées : pour cela, pincez la tige au-dessus de la 2e feuille, puis pincez les deux tiges qui se sont formées au-dessus de la 5e feuille. Ensuite, pincez les tiges une feuille au-dessus des fleurs qui se forment. Ces opérations faciliteront l'apparition des fruits et leur formation.

Récolte : la récolte des concombres s'effectue jusqu'aux premières gelées. Les cornichons se récoltent jeunes, presque quotidiennement.

Plantes amies et ennemies

Appréciant les céleris, les choux pommés, les choux-fleurs, les fèves, les haricots, les laitues, les oignons et les pois, les concombres et les cornichons ne font, par contre, pas bon ménage avec les melons, les pommes de terre et les tomates.

Jardinage avec la Lune

La préparation et l'enrichissement du sol, l'éclaircissage, la plantation, l'entretien et la taille doivent être effectués en lune descendante, lorsque celle-ci passe devant la constellation du Lion. Le semis et la récolte doivent être effectués en lune ascendante, lorsque celle-ci passe devant les constellations du Bélier et du Sagittaire.

Ennemis et maladies

Les araignées rouges, les limaces et les pucerons s'attaquent aux concombres et cornichons, qui redoutent aussi la fonte des semis et l'oïdium.

Courges et courgette

(*Cucurbita pepo*)

Il faut se perdre dans certaines vallées reculées du Mexique pour trouver l'origine des courges et de la courgette : elles y étaient déjà présente il y a plus de 9 500 ans.

Semis : **avril-mai**
Récolte : **juin à octobre**

Pour une culture réussie

Semis et repiquage : semez en avril, sous abri chauffé ou directement en place dans les régions les plus clémentes. Déposez 3 ou 4 graines : dans le premier cas, par godet de tourbe, dans le second, par poquet. Mettez en place les godets quand la température extérieure le permet (15 °C) et protégez (cloche, tunnel…) au début ; à cette occasion, conservez le plant le plus développé de chaque poquet et supprimez les autres. Respectez un écartement de 1 m pour les variétés non coureuses et de 1,20 à 1,50 m pour les autres. Recouvrez les graines de 2 cm de terreau.

Sol et exposition : le sol doit être léger et bien drainé, profond et riche en humus. Exposition ensoleillée.

Entretien : pendant l'été, maintenez le sol frais par des arrosages, des binages, des sarclages et des paillages (avec du compost autour de chaque pied) en cas de sécheresse.

Taille : les variétés coureuses sont pincées au-dessus de la 2e feuille (quand la plante a déjà quelques feuilles) ; pincez ensuite au-dessus de la 2e feuille après le dernier fruit les tiges secondaires dont la naissance a été provoquée par le premier pincement.

Récolte : récoltez les courges à maturité complète, en octobre ; cueillez les courgettes quand elles sont encore jeunes : elles sont meilleures. On peut les conserver quelques jours après la récolte.

Plantes amies et ennemies

La courgette et les courges apprécient le voisinage du basilic, du haricot à rames, du maïs et du chou pommé. Par contre, il faut éviter de les placer à proximité des pommes de terre et des autres Cucurbitacées.

Jardinage avec la Lune

La préparation et l'enrichissement du sol, l'éclaircissage, la plantation et l'entretien doivent être réalisés en lune descendante, devant la constellation du Lion. Le semis et la récolte doivent être effectués en lune ascendante, devant les constellations du Bélier et du Sagittaire.

Ennemis et maladies

Limaces et pucerons raffolent des courgettes et des courges, qui sont aussi sensibles aux attaques d'oïdium.

Les meilleures variétés

* **Courges coureuses :** *'Sweet Dumpling', chair orange sucrée, se conserve 3-4 mois ; 'Delicata', petits fruits allongés à la saveur de châtaigne ; 'Spaghetti végétal', se conserve jusqu'à 6 mois ; 'Winter Luxury', excellente variété de longue garde à la chair orange très parfumée ; 'Melonnette jaspée de Vendée', chair très sucrée, se conserve jusqu'au printemps.*
* **Courgettes :** *'Ambassador', F1, production très précoce ; 'Black Jack', F1, fruits vert sombre à la saveur délicate ; 'De Nice à fruit rond', fruits très tendres, à farcir ; 'Ronice', fruits ronds vert foncé ; 'Seneca Zucchini', F1, productive à fruits vert brillant ; 'Tiger Cross', F1, hâtive et productive.*

Endive

(*Cichorium intybus*)

Ce légume porte toute une série de noms en fonction de sa région de culture. On l'appelle aussi chicorée ou chicon. Ce sont les Flamands qui sont à l'origine de son forçage. L'endive présente la particularité d'être à la fois un légume-racine (quand elle est au jardin et lors de son arrachage) et un légume-feuille (pendant son forçage).

Semis : **mai-juin**
Récolte : **décembre-janvier**

Les meilleures variétés

* **Chicorée sauvage :** *'Amère', dite barbe de capucin ; 'Améliorée Blonde' ; 'Pain de sucre, race Hilmar', 'Jupiter' F1, hybride du précédent.*
* **Chicorées italiennes :** *'Di chioggia a palla blanca' ; 'Triestina da taglio' ; 'Rouge Palla rossa', précoce ; 'Rouge de Trévise' ; 'Rouge de Vérone' ; 'Rossa Italia', feuilles vert foncé, crantées.*
* **Chicorées de Bruxelles (endives) :** *'Bea' ; 'Demi-hâtive de Malines' ; 'Magnum', F1 ; 'Zoom'.*

Pour une culture réussie

Semis et repiquage : les semis s'effectuent en mai-juin, dans des sillons profonds de 30 cm. Les graines doivent être recouvertes de 1 cm de terre et légèrement arrosées. L'éclaircissage s'effectue deux semaines après la levée, quand chaque plant arbore trois ou quatre feuilles. Jusqu'à la germination, des arrosages doivent être réalisés régulièrement par temps sec.

Sol et exposition : les endives apprécient tous les sols de jardin, et se plaisent en situation ensoleillée.

Entretien : binez, paillez si nécessaire. Griffez le sol pour supprimer les mauvaises herbes ou les empêcher de se former.

Récolte : toutes les endives doivent être arrachées à la fourche-bêche avant les premières gelées (en octobre et novembre). De mi-octobre à fin février, les racines peuvent être forcées en fonction des besoins, par vagues successives. La récolte débute lorsque les légumes forcés sont bien développés (il faut compter environ deux mois au jardin et entre un et un mois et demi en cave).

Plantes amies et ennemies

Carottes, concombres, courges, radis, haricots, navets, choux, pois et poireaux sont les meilleurs compagnons de l'endive.

Jardinage avec la Lune

La préparation et l'entretien du sol, l'éclaircissage et l'entretien au jardin doivent être réalisés en lune descendante, devant la constellation de la Vierge. L'entretien lors du forçage doit aussi être effectué en lune descendante, mais quand celle-ci passe devant les constellations du Cancer et du Scorpion. Le semis est à réaliser en lune ascendante, devant les constellations du Capricorne et du Taureau, tandis que la récolte doit être assurée en lune ascendante, devant la constellation des Poissons.

Ennemis et maladies

L'endive est surtout sensible à deux maladies : la pourriture du collet et l'oïdium.

Fraisier

(*Fragaria* sp.)

Le développement de la culture de la fraise en Europe ne date que des XVIIe et XVIIIe siècles. À l'époque, la plante nous arrive d'Amérique du Nord. Aujourd'hui, le fraisier tel que nous le connaissons est assez différent de la plante d'origine, celle-ci ayant subi de nombreuses modifications au cours du temps.

Semis :	**mars-avril, août-septembre**
Récolte :	**mai à octobre**

Pour une culture réussie

Plantation : plantez les variétés remontantes en mars-avril ; plantez les non remontantes en août-septembre. Espacez les plants de 40 cm. Installez les fraisiers avec leur motte, mais le bourgeon central hors de terre.

Sol et exposition : le fraisier nécessite un sol frais et bien drainé, riche en matières organiques, et une exposition ensoleillée.

Entretien : arrosez au goulot, au pied car le fraisier demande beaucoup d'eau, en particulier durant la formation des fruits. Paillez… mais évitez la paille car l'humidité pourrit les fraisiers et sert d'abri aux parasites. Employez plutôt des paillettes de lin ou des billes d'argile.

Récolte : les variétés remontantes se récoltent dès le mois de mai (sous tunnel) et jusqu'en octobre. Les fraisiers non remontants produisent en juin-juillet. Pour bénéficier au maximum de leur beauté, de leur saveur et de leur parfum, les fraises doivent être cueillies à la main, en début de matinée, puis consommées dans la journée.

Plantes amies et ennemies

Ail, bourrache, échalote, épinard, haricot, laitue, oignon et poireau sont les plantes amies du fraisier, contrairement aux choux pommés, aux choux-raves et aux choux-fleurs.

Jardinage avec la Lune

La préparation et l'enrichissement du sol, la plantation, l'entretien et la multiplication doivent être effectués en lune descendante, lorsque celle-ci passe devant la constellation du Lion. La récolte doit être effectuée en lune ascendante, lorsque celle-ci passe devant les constellations du Bélier et du Sagittaire.

Ennemis et maladies

Assez sensible, le fraisier redoute aussi bien les limaces que la chlorose, la maladie des taches pourpres, l'oïdium et la pourriture grise.

Les meilleures variétés

* **Remontantes :** *'Gento', très gros fruit allongé et très sucré, sensible à l'oïdium ; 'Mara des bois', saveur de fraise des bois, peu sensible aux maladies ; 'Ostara', peu sensible aux maladies ; 'Rabunda', idéale pour les confitures ; 'Reine des vallées', très bonne saveur de fraise des bois.*
* **Non remontantes :** *'Belrubi', très bonne saveur ; 'Sengana', tardive, très bonne saveur, apte aux confitures, peu sensible aux maladies.*

Framboisier

(Rubus idaeus)

Cultivé depuis le Moyen Âge, les framboisiers se divisent en deux catégories : les remontants et les non-remontants. Le choix initial de l'une ou l'autre sorte est important : les non-remontants fructifient sur les branches de l'année précédente, tandis que les remontants fructifient sur les mêmes branches deux années de suite.

Plantation : **novembre à février**
Récolte : **juin à octobre**

Pour une culture réussie

Plantation : les jeunes framboisiers se plantent entre novembre et février, à condition qu'il ne gèle pas.

Sol et exposition : un sol acide, léger et riche en humus est idéal, de même qu'une exposition ensoleillée.

Taille : l'année suivant la plantation, il est conseillé de supprimer les premières pousses, ainsi que les rejets les plus faibles. Les cannes ayant fructifié doivent être rabattues la troisième année.

Entretien : le framboisier craint les périodes de sécheresse : il ne faut donc pas négliger les arrosages en été (que ce soit à la plantation ou pour les plantes déjà installées). Le sol peut être paillé afin de conserver une certaine fraîcheur. Les rejets trop éloignés du pied d'origine doivent être supprimés chaque année.

Récolte : la récolte s'échelonne depuis le mois de juin jusqu'aux premières gelées en fonction des variétés. On repère aisément les fruits prêts à être cueillis : ils se détachent très facilement. Une récolte tous les deux à trois jours est idéale.

Jardinage avec la Lune

La plantation, l'entretien, la taille et la multiplication doivent être effectués en lune descendante, en jour-fruit, lorsque celle-ci passe devant la constellation du Lion. La récolte sera idéale en lune ascendante, en jour-fruit, devant les constellations du Bélier et du Sagittaire.

Les meilleures variétés

* **Framboisiers remontants :** *'Augustred', 'September', 'Zeva', 'Llyod George', 'Belle de Malicorne', 'Violette', 'Polka'.*
* **Framboisiers non remontants :** *'Amber', 'Flavi', 'Meecker', 'Schoeneman'.*
* **Framboisiers dorés :** *'Fallgold', 'Golden queen', 'Surprise d'automne'.*
* **Framboisiers sans épine :** *'Victorine', 'Glen lion', 'Glen amble'.*

Ennemis et maladies

Les pucerons et les vers des framboises comptent parmi les principaux ennemis du framboisier, qui peut aussi être atteint de la brûlure des dards et du botrytis. Une plantation de myosotis entre les framboisiers permet d'éviter les attaques du ver des framboises.

Groseillier

(Ribes rubrum, Ribes grassularaia)

On ne connaît pas l'origine précise des groseilliers : peut-être sont-ils originaires d'Afrique du Nord et d'Europe. Ce qui, en revanche, est plus avéré, c'est que le groseillier à grappes est apparu dans nos contrées aux alentours du XVe siècle et que le groseillier à maquereau est apparu une centaine d'années plus tard.

Pour une culture réussie

Plantation : le groseillier se plante de novembre à mars. Creusez les trous de plantation plusieurs jours avant la mise en terre, ce qui permet d'aérer le sol.

Sol et exposition : le groseiller demande une terre acide, bien drainée et riche en humus. Comme cette plante redoute chaleur excessive et sécheresse, une exposition en mi-ombre est nécessaire.

Taille : qu'il s'agisse du groseillier à grappes ou de celui à maquereau, la taille doit être effectuée en février, en-dehors de toute période de gel, mais avant le développement de la végétation. On conseille généralement de tailler chaque année, à la base des plantes, un quart des plus gros rameaux situés au centre de la touffe.

Entretien : un arrosage régulier en été est important Toujours en été, un paillage du sol peut être efficace pour conserver la fraîcheur du sol. Un désherbage régulier autour des pieds des groseilliers est aussi essentiel, de même qu'un apport superficiel de compost dans le courant de l'automne.

Récolte : les tiges du groseillier à grappes commencent à porter des fruits dès la deuxième ou troisième année et la production a tendance à diminuer sur les branches âgées de cinq ans ou plus. Les groseilles à grappes sont prêtes à être cueillies entre juillet et août, tandis que les groseilles à maquereau sont récoltées entre la fin juillet et la mi-août.

Jardinage avec la Lune

La plantation, l'entretien, la taille et la multiplication doivent être réalisés en lune descendante, lorsque celle-ci passe devant la constellation du Lion. La récolte doit être effectuée en lune ascendante, en jour-fruit, quand elle passe devant les constellations du Bélier et du Sagittaire.

Semis : **novembre à mars**

Récolte : **juillet-août**

Les meilleures variétés

* **Groseillier à grappes :** *'Abondance', 'Redpoll', 'Raisin industria', 'Red lake', 'Junifer', Rose de Champagne', 'Blanka', 'Gloire des Sablons'.*
* **Groseillier à maquereau :** *'Germania', 'Greenfind', 'Pixwell', 'Worcester', 'Careless', 'Freedonia', 'Spine free', 'Pax'.*

Ennemis et maladies

Les groseilliers peuvent être victimes d'attaques de pucerons. Ils sont aussi sensibles à la rouille, à l'anthracnose et à l'oïdium.

Haricot

(*Phaseolus vulgaris*)

Déjà cultivé à l'époque précolombienne de l'autre côté de l'Atlantique, le haricot à grains débarque en Europe en même temps que Christophe Colomb de retour de ses longues expéditions. Il faut cependant attendre le courant du xxe siècle pour que la culture du haricot se répande en Europe.

Semis : **mai à août**

Récolte : **juillet à septembre**

Les meilleures variétés

* **Mangetout nains :** *'Amethyst', 'Argus', 'Contender', 'Fruidor', 'Goldimmens', 'Hildora', 'Olympus', 'Oxynel', 'Primel', 'Purple Teepee', 'Romano Wax', 'Saxa'.*
* **Mangetout à rames :** *'À cosse violette sans fil', 'Esmeralda', 'Fortex', 'Or du Rhin'.*
* **À filets nains :** *'Belna', 'Divinel', 'Fin de Bagnols', 'Morgane', 'Triomphe de Farcy'.*
* **À écosser, à rames :** *'Coco blanc Sophie', 'Coco rouge de Prague', 'Espagne Goliath', 'Espagne rouge Butler', 'Soissons blanc', 'Soissons vert' (flageolet vert).*

Pour une culture réussie

Semis et repiquage : on distingue de nombreuses variétés de haricots : haricot vert à filets nain, haricot vert à filets sans fil nain, haricot beurre, mangetout nain, haricot mangetout à rames, haricot à grains nain et haricot à rames. Les semis, directement en place et en ligne, s'effectuent dès que la température dépasse 10 °C.

Sol et exposition : le haricot est peu exigeant, même s'il préfère les sols légers et frais (les terrains trop lourds favorisent le développement des maladies). Il apprécie les climats chauds et une exposition ensoleillée.

Entretien : quand les plants ont une dizaine de centimètres, binez et buttez-les. Profitez-en pour tuteurer les variétés à rames (jusqu'à 3 m). Arrosez abondamment, au goulot, en évitant de mouiller le feuillage, surtout à partir de la floraison et après chaque cueillette.

Récolte : cueillez les mangetout une fois par semaine ; cueillez les haricots à filets (gousses longues et fines) tous les 2-3 jours pour qu'ils ne prennent pas le fil (parchemin). Les pieds des haricots à grains, que l'on consomme secs, sont arrachés entiers pour être conservés au sec, suspendus.

Plantes amies et ennemies

Aubergines, carottes, céleris, choux, concombres, épinards, fraisiers, laitues et pommes de terre font partie des plantes amies du haricot. Au contraire de l'ail, de la betterave, de l'échalote, du fenouil, de l'oignon et des pois que le haricot n'apprécie guère.

Jardinage avec la Lune

La préparation et l'enrichissement du sol, ainsi que l'entretien doivent être effectués en lune descendante, lorsque celle-ci passe devant la constellation du Lion. Le semis, la multiplication et la récolte doivent être effectués en lune ascendante, lorsque celle-ci passe devant les constellations du Bélier et du Sagittaire.

Ennemis et maladies

Pucerons, anthracnose, chlorose, graisse et rouille sont les principaux problèmes auxquels le haricot doit faire face.

Laitue

(Lactuca sativa)

La laitue est appréciée depuis l'Antiquité : les Romains en étaient friands. Aujourd'hui, on distingue plusieurs grandes familles de laitues dont, notamment, les romaines, les pommées ou les laitues à couper.

Pour une culture réussie

Semis et repiquage : *les laitues de printemps* se sèment entre janvier et mars, mais toujours à une température avoisinant 13 à 15 °C (une serre peut être nécessaire dans les régions les plus froides). Couvrez légèrement les graines et tassez. Le repiquage a lieu trois à quatre semaines après le semis, quand les plants présentent trois ou quatre feuilles.

Les laitues d'été et d'automne se sèment d'avril à août, directement en place. Un éclaircissage est nécessaire après deux ou trois semaines, afin de ne conserver que les plus beaux plants, espacés de 30 cm.

La laitue d'hiver se sème en août et septembre, est éclaircie deux à trois semaines plus tard, et est plantée six semaines après le semis.

Sol et exposition : la laitue aime les sols frais et riches en humus, avec une exposition bien ensoleillée.

Entretien : aérez les châssis, protégez éventuellement du froid les jeunes semis de pleine terre, binez, sarclez et arrosez.

Récolte : la laitue de printemps se récolte environ deux mois après le semis. Les laitues d'été et d'automne se récoltent dès la mi-mai (pour les variétés à couper) ou le mois de juin (pour la laitue pommée). La laitue d'hiver se récolte du mois de mars au mois de mai.

Plantes amies et ennemies

L'ail, l'échalote, l'oignon, la betterave, la carotte, le haricot, le navet, le poireau, la blette, le radis, le concombre, le chou, la fève, le pois et l'épinard sont les meilleurs amis de la laitue, de même que le fraisier et le melon. Par contre, elle ne supporte pas le tournesol, le persil et le céleri.

Jardinage avec la Lune

La préparation et l'enrichissement des sols, l'éclaircissage, la plantation et l'entretien doivent être effectués en lune descendante, devant les constellations du Cancer et du Scorpion. Les semis, la récolte et la conservation sont effectués en lune ascendante, devant la constellation des Poissons.

Ennemis et maladies

Limaces, pucerons et taupins sont les vrais ennemis de la laitue, qui peut aussi souffrir de la fonte des semis.

Semis : **janvier à septembre**

Récolte : **mars à octobre**

Les meilleures variétés

* **Batavias :** *'De Pierre-Bénite', 'Dorée de printemps', 'Dorémi', 'Gloire du Dauphiné', 'Reine des glaces'.*
* **Romaines :** *'Chicon des Charentes', 'Riva', 'Verte maraîchère'.*
* **Laitues pommées :** *'Appia', 'Brune d'hiver', 'Diina', 'Gotte jaune d'or', 'Merveille des quatre saisons'.*
* **Grasses :** *'Craquerelle du Midi', 'Sucrine'.*
* **À couper :** *'Lollo Rossa', 'Red Salad Bowl', 'Saint-Vincent'.*

Navet

(*Brassica rapa*)

Il est difficile de trouver un légume qui a une plus longue histoire que le navet : en effet, il était déjà consommé pendant la Préhistoire. Il a longtemps constitué l'une des bases de l'alimentation humaine, jusqu'à l'apparition de la pomme de terre qui, peu à peu, le supplanta dans les préparations culinaires quotidiennes.

Semis : **mars-avril, août-septembre**

Récolte : **mai à juillet, septembre à décembre**

Pour une culture réussie

Semis et repiquage : on distingue les navets de printemps et d'été, et ceux d'automne. Ces derniers se sèment en juillet-août et doivent être éclaircis deux ou trois semaines plus tard.

Sol et exposition : terre légère enrichie de compost bien mûr. Les sols secs et trop calcaires ne conviennent pas. Exposition ensoleillée.

Entretien : aérez la terre, éliminez les mauvaises herbes et arrosez régulièrement le sol pour éviter que les racines deviennent creuses.

Récolte : l'arrachage commence environ trois mois après le semis, de préférence pendant les journées les plus sèches et avant les fortes gelées.

Plantes amies et ennemies

Le navet apprécie les herbes et plantes aromatiques, la carotte, le céleri, l'épinard, le haricot, la laitue, les pois et la tomate. Par contre, il ne supporte pas l'oignon.

Jardinage avec la Lune

La préparation et l'enrichissement du sol, l'éclaircissage, l'entretien et la récolte doivent être effectués en lune descendante, lorsque celle-ci passe devant la constellation de la Vierge. Le semis doit être effectué en lune ascendante, lorsque celle-ci passe devant les constellations du Capricorne et du Taureau.

Les meilleures variétés

* **'À forcer Nantais' :** *chair blanche, forme cylindrique, précoce.*
* **'Blanc globe à collet violet' :** *rustique, chair blanche, forme cylindrique.*
* **'Des Vertus marteau' :** *chair blanche.*
* **'Jaune boule d'or' :** *goût très fin, semis d'automne.*
* **'Marteau' :** *chair tendre et sucrée.*
* **'Stanis' :** *chair ferme de très bonne saveur, semis de printemps.*
* **'Tokyo top' :** *chair blanche, racines bien rondes.*
* **'Weiseler' :** *chair rose, racines demi-longues, résistante au froid.*

Ennemis et maladies

Altises, limaces et mouches du navet sont ses principaux ennemis. Il craint aussi la hernie du chou.

Poireau

(Allium porum)

Personne ne sait d'où vient le poireau. Seule certitude : il était déjà connu des Grecs et des Romains de l'Antiquité. Avantage essentiel : en fonction des variétés, il s'adapte aussi bien à la culture estivale qu'hivernale.

Semis : **février à août**

Récolte : **toute l'année**

Pour une culture réussie

Semis et repiquage : il faut distinguer les poireaux à semer sous abri des poireaux baguettes et des poireaux d'automne-hiver. Ceux-ci peuvent être semés de mars à mai, avec une plantation prévue deux mois plus tard.

Sol et exposition : le sol doit être bien ameubli et fertile. Exposition ensoleillée de préférence.

Entretien : binez, sarclez et arrosez régulièrement (un temps trop sec favorise l'installation du ver du poireau). Buttez sur une dizaine de centimètres de hauteur les variétés qui seront récoltées en automne et en hiver pour blanchir le fût des plantes et les protéger du froid. Vous pouvez aussi installer une épaisse couche de feuilles mortes ou de paille, ou encore de paillettes de lin.

Récolte : la récolte s'effectue toute l'année, en fonction des besoins.

Plantes amies et ennemies

Le poireau s'accorde avec le céleri, la laitue, la tomate et le fraisier. Il affectionne surtout la carotte, ces deux végétaux se protégeant mutuellement. Il n'aime pas les betteraves, les choux, les haricots, les oignons et les pois.

Jardinage avec la Lune

La préparation et l'enrichissement du sol, l'éclaircissage, la plantation, l'entretien et la récolte doivent être effectués en lune descendante, lorsque celle-ci passe devant la constellation de la Vierge. Le semis doit être effectué en lune ascendante, lorsque celle-ci passe devant les constellations du Capricorne et du Taureau. La multiplication doit être effectuée en lune ascendante, lorsque celle-ci passe devant les constellations du Bélier et du Sagittaire.

Ennemis et maladies

Le poireau redoute la mouche de l'oignon, la mouche mineuse, le thrips, la fonte des semis, la teigne du poireau, le mildiou et la rouille.

Les meilleures variétés

* **'Blaugrüner Winter race Vrizo' :** *très résistant au froid, pour une récolte de novembre à avril.*
* **'Carlton', F1 :** *pour récolte d'été et d'automne, à semer directement en place.*
* **'Flipper' :** *variété d'hiver.*
* **'Kristina' :** *résiste bien en terre tout l'hiver.*
* **'Gros jaune du Poitou' :** *très précoce, pour récolte d'automne, ne résiste pas au froid.*

Pois

(Pisum sativum)

Originaire d'Asie ou d'Inde, déjà consommé par les Grecs de l'Antiquité, le pois n'a connu un réel essor qu'au cours du règne de Louis XIV, qui l'appréciait particulièrement.

Semis : **février à juin**
Récolte : **juillet-août**

Les meilleures variétés

* **Mangetout :** *'Bamby' (65 cm de haut), précoce et productif ; 'Caroubel' (1,10 m de haut), très productif, sans parchemin ; 'Corne de bélier', 1,50 m de haut, précoce ; 'Normand', de 60 à 90 cm de haut, à ramer.*
* **À écosser à rames :** *'Caractacus', grains ronds, 70 cm de haut, précoce ; 'Express à longue cosse', grains ronds, 90 cm de haut ; 'Roi des conserves', grains ronds, 1,40 m de haut ; 'Serpette Guilloteaux', grains ronds, 1,50 m de haut ; 'Jof', grains ridés, 1 m de haut ; 'Téléphone à rames', grains ridés, 1,50 m de haut, énormes gousses.*
* **Nains à écosser :** *'Douce Provence', grains ronds, précoce, 50 cm de haut ; 'Plein le panier', grains ronds, 70 cm de haut ; 'Bayard', grains ridés, 75 cm de haut, à ramer ; 'Téléphone nain', grains ridés, 50 cm de haut.*

Pour une culture réussie

Semis et repiquage : il faut distinguer les pois avec semis de fin d'hiver et de printemps, du pois avec semis d'automne. Ce dernier se sème en place entre février et avril (pour le pois rond et mangetout) ou entre mars et juin (pour le pois ridé).

Sol et exposition : terre légère et fraîche. Le pois n'apprécie pas les sols trop humides et calcaires. Situation lumineuse mais pas sèche (le pois n'aime pas les grosses chaleurs).

Entretien : les mauvaises herbes doivent être éliminées régulièrement et un buttage doit être réalisé trois semaines après la levée pour favoriser un l'enracinement. Un bon arrosage par temps sec éventuellement associé à un paillage sont essentiels.

Récolte : récoltez les gousses quand elles sont bien pleines (au moins deux fois par semaine), ou bien quand les grains commencent à se former pour les mangetout. Cueillez au fur et à mesure des besoins, car il est préférable de consommer les pois le plus rapidement possible (si l'on n'en fait pas des conserves ou si l'on ne les congèle pas).

Plantes amies et ennemies

Carotte, céleri, chou, concombre, laitue, navet, pomme de terre, radis et melon sont les meilleurs amis du pois qui, par contre, n'aime guère les tomates, haricots, fèves, échalotes, poireaux, oignons, ail ou persil.

Jardinage avec la Lune

La préparation et l'enrichissement du sol ainsi que l'entretien doivent être effectués en lune descendante, lorsque celle-ci passe devant la constellation du Lion. Le semis, la multiplication et la récolte doivent être effectués en lune ascendante, lorsque celle-ci passe devant les constellations du Bélier et du Sagittaire.

Ennemis et maladies

Toutes variétés confondues, les pois redoutent les limaces, les bruches, l'oïdium et le mildiou.

Poivron et piment

(Capsicum annuum)

Les piments font partie des premiers végétaux cultivés par les populations sud-américaines. Arrivés en Europe dans les cales des navires de Christophe Colomb, ils sont désormais considérés comme des « légumes du soleil ». Les piments (dotés d'une saveur plus puissante) et les poivrons (à la saveur plus douce) sont indissociables de la cuisine méditerranéenne.

Semis : **février-mars**

Récolte : **juin à octobre**

Pour une culture réussie

Semis et repiquage : les semis s'effectuent en février-mars et le repiquage s'effectue un mois plus tard. Les plants doivent alors être maintenus au chaud (environ 18 °C), dans un sol aéré et arrosé sans excès. La plantation est réalisée en mai-juin (si les températures ne tombent pas sous la barre des 10 °C).

Sol et exposition : le sol doit être riche en humus, frais, meuble et profond. Choisissez une situation ensoleillée et abritée.

Entretien : protégez les jeunes plants (tunnels) tant que la température n'est pas remontée au-dessus de 15 °C. Binez et sarclez, paillez et arrosez au goulot une fois par semaine (davantage s'il fait très sec).

Taille : pincez au-dessus de la première feuille au-dessus du dernier fruit lorsque le pied a formé 8-10 fruits.

Récolte : les piments sont cueillis quand ils sont à maturité (rouge foncé) ; les poivrons avant, quand ils sont encore verts. Coupez les fruits avec un sécateur ou une paire de ciseaux, en conservant une petite longueur de pédoncule sur la plante.

Plantes amies et ennemies

Les poivrons et les piments apprécient le voisinage des végétaux de la même famille (Solanacées) : tomates, aubergines et pommes de terre.

Jardinage avec la Lune

La préparation et l'enrichissement du sol, le repiquage, la plantation, l'entretien et la taille doivent être effectués en lune descendante, lorsque celle-ci passe devant la constellation du Lion. Le semis, la multiplication et la récolte doivent être effectués en lune ascendante, lorsque celle-ci passe devant les constellations du Bélier et du Sagittaire.

Les meilleures variétés

* **Piments :** *'Antillais', fruits de 5-6 cm de long ; 'de Cayenne', petits fruits rouges longs et étroits ; 'de Thaïlande', fruits allongés de 3-5 cm de long ; 'Sucette de Provence', fruits longs et rouge vif.*
* **Poivrons :** *'Ariane', F1, fruits orange vif ; 'Doux d'Espagne', gros fruits très doux, pour farcir ; 'Doux long des Landes', fruits minces et droits de couleur vert foncé ; 'Mariner', chair ferme et peau lisse ; 'Pariba', fruits en forme de tomate ; 'Redskin', rouge foncé, se prête à la culture en pot.*

Ennemis et maladies

Limaces, pucerons et araignées rouges sont les seuls ennemis des poivrons et piments qui résistent bien aux maladies.

Pomme de terre

(Solanum tuberosum)

Il aura fallu attendre la fin du XVIIIe siècle et un certain Parmentier pour que la pomme de terre puisse enfin afficher ses lettres de noblesse en Europe. Dans d'autres régions du monde, par contre, ce légume-racine est connu, dégusté et apprécié depuis des temps immémoriaux.

Semis : **février-mars, avril-mai**

Récolte : **avril à septembre**

Les meilleures variétés

* **'Belle de Fontenay' :** *à chair ferme, précoce, de très bon goût mais sensible aux maladies.*
* **'BF 15' :** *à chair ferme, rustique.*
* **'Bintje' :** *à chair farineuse jaune.*
* **'Bleue d'Auvergne' :** *variété ancienne, violette, ronde à peau lisse.*
* **'Charlotte' :** *à chair ferme de très bonne qualité gustative.*
* **'Franceline' :** *à chair ferme de très bonne qualité gustative.*
* **'Linzer Delikatesse' :** *à chair ferme, très bonne tenue à la cuisson.*
* **'Manon' :** *à chair farineuse de très bonne qualité.*
* **'Ratte' :** *à chair ferme et jaune, très bon goût.*
* **'Roseval' :** *peau rouge, à chair jaune et ferme.*
* **'Vitelotte noire' :** *variété ancienne à la peau et à la chair violacée, farineuse, tardive.*

Pour une culture réussie

Plantation : les pommes de terre primeurs se plantent en février et en mars, tandis que celles de conservation doivent attendre avril et mai, en commençant par les plus tardives. Dans tous les cas, il est vivement conseillé d'attendre la fin des dernières gelées pour procéder à toute plantation.

Sol et exposition : la pomme de terre apprécie un sol profond, meuble et riche en humus, ainsi qu'une exposition ensoleillée.

Entretien : un binage quelques jours après la levée est le bienvenu. Dès que les plants ont atteint une quinzaine de centimètres de hauteur, il faut les butter en ramenant la terre autour des tiges de manière à les enterrer. Cette opération a notamment pour but de favoriser un bon enracinement, mais aussi une bonne tenue des tiges.

Récolte : la récolte des pommes de terre primeurs doit être réalisée avant complète maturité, tout juste après la floraison, c'est-à-dire deux à trois mois après la plantation (entre la mi-avril et le mois de juin). De leur côté, les pommes de terre de conservation se récoltent dès que le feuillage est sec, soit quatre à cinq mois après la plantation.

Plantes amies et ennemies

Si les pommes de terre jouent la carte de l'harmonie avec quelques rares autres plantes (les échalotes, les fèves, les pois, les choux et les haricots), elles redoutent par contre la proximité d'un très grand nombre de végétaux : les tomates, les courges, les betteraves, les concombres, les poivrons, les carottes, les oignons, les céleris et les melons.

Jardinage avec la Lune

La préparation et l'enrichissement du sol, la plantation, l'entretien et la récolte s'effectuent en lune descendante, devant la constellation de la Vierge.

Ennemis et maladies

Les doryphores sont bien sûr les plus célèbres ennemis de la pomme de terre. Mais les taupins le sont également. Par ailleurs, elle redoute aussi le mildiou et la rouille.

Radis

(*Raphanus sativus*)

Connu depuis fort longtemps, le radis était déjà cultivé il y a plus de 5 000 ans. Les Grecs et les Romains de l'Antiquité le consommaient, tandis que les populations du Moyen Âge l'appréciaient pour ses vertus thérapeutiques.

Semis : **avril à septembre**
Récolte : **mai à novembre**

Pour une culture réussie

Semis : on distingue les radis d'hiver, les radis d'été et d'automne, et les radis de tous les mois. Ces derniers se sèment presque toute l'année, surtout de févier à octobre (sous tunnel ou châssis au cours des mois les plus froids). L'éclaircissage intervient dix à quinze jours plus tard.
Sol et exposition : le radis demande une terre fraîche et un emplacement ensoleillé. Il apprécie les terres humifères (mais pas de fumures récentes). Débarrassez le sol des cailloux qui pourraient déformer les racines.
Entretien : un sol désherbé et aéré est essentiel, de même que des arrosages limitant le goût piquant des racines.
Récolte : la récolte intervient un mois après le semis, au fur et à mesure des besoins et en commençant par les plus belles racines.

Plantes amies et ennemies

Le radis n'apprécie pas la présence des choux, des courges, du concombre, du cerfeuil et du navet, mais accepte le voisinage de la betterave, de la carotte, du céleri, de l'épinard, de la fève, du haricot, de la laitue, du pois et de la tomate.

Jardinage avec la Lune

La préparation et l'enrichissement du sol, l'éclaircissage, l'entretien et la récolte doivent être effectués en lune descendante, lorsque celle-ci passe devant la constellation de la Vierge. Le semis doit être effectué en lune ascendante, lorsque celle-ci passe devant les constellations du Capricorne et du Taureau. La multiplication doit être effectuée en lune ascendante, lorsque celle-ci passe devant les constellations du Bélier et du Sagittaire.

Les meilleures variétés

* **De tous les mois :** *'À forcer rond écarlate' ; 'Comanche', 'De 18 jours', demi-long, rouge et blanc ; 'Flamboyant', demi-long ; 'Rond écarlate'.*
* **D'été et d'automne :** *'Blanche', racine blanche, récolte 30 jours après le semis ; 'Jaune d'or ovale', 6 cm de diamètre, récolte 35 jours après le semis ; 'De 5 semaines rose', doux, rose.*
* **D'hiver :** *'Noir gros long d'hiver de Paris', noir, grosse racine, piquant ; 'Rose de Chine', longue racine de 12 cm, redoute la sécheresse, saveur piquante ; 'Violet de Gournay', grosse racine cylindrique, assez doux.*

Ennemis et maladies

Altises et limaces sont les seuls ennemis du radis.

Rhubarbe

(Rheum rhaponticum)

La rhubarbe est probablement le seul végétal originaire d'Ukraine. La plante fut tout d'abord utilisée à des fins médicinales et thérapeutiques avant de conquérir les cuisines. Cette plante-feuille nécessite une certaine prudence : si ses tiges sont délicieuses en compotes ou en tartes, ses feuilles sont toxiques.

Semis : **mars-avril, septembre-octobre**

Récolte : **mai-juin, septembre-octobre**

Les meilleures variétés

* **'À cardes blanches' :** *aux pétioles rouge vif .*
* **'Valentine' :** *à pétioles rouges, résistante à la sécheresse.*

Pour une culture réussie

Plantation : la plantation doit être réalisée au printemps ou en automne, dans un sol bien ameubli préalablement.

Sol et exposition : le sol doit être profond et frais, non calcaire, riche en matières organiques. La rhubarbe apprécie une exposition ensoleillée et préfère les climats frais. Elle craint les fortes chaleurs.

Entretien : binages et arrosages par temps sec sont toujours utiles, surtout dans l'année qui suit la plantation. Le sol peut aussi être paillé dès que la hauteur des tiges le permet. Un apport annuel de compost autour des souches (au moment où les tiges sortent de terre) est vivement conseillé.

Récolte : la récolte s'effectue environ un an après la plantation. Il n'est jamais bon de cueillir tous les pétioles en même temps. Il est plus prudent de laisser les plus petits en place afin de favoriser l'apparition de nouveaux pétioles.

Plantes amies et ennemies

Si la rhubarbe ne connaît pas véritablement de plantes ennemies, il est toujours préférable de l'éloigner des autres végétaux. En effet, elle peut créer des zones d'ombre qui ne sont pas toujours appréciées par les plantes voisines.

Jardinage avec la Lune

La préparation et l'enrichissement du sol, la plantation, l'entretien et la multiplication doivent être effectués en lune descendante, devant le Cancer et le Scorpion. La récolte est réalisée en lune ascendante, quand celle-ci passe devant la constellation des Poissons.

Ennemis et maladies

La rhubarbe est une plante assez robuste. Tout juste peut-elle parfois être atteinte de rouille.

Tomate

(Lycopersicon esculentum)

La tomate n'a pas toujours arboré cette superbe couleur rouge. Jadis, elle était jaune, ce qui explique le surnom que lui donnaient les Italiens : « pomme d'or ». Si elle est souvent associée aux climats doux, voire chauds, il faut tout de même savoir que, jadis, les Incas la cultivaient en altitude.

Pour une culture réussie

Semis et repiquage : les semis sont généralement effectués en février et en mars, en mini-serre. Le repiquage intervient environ deux semaines après la levée, lorsque les plants présentent deux ou trois belles feuilles. Les tomates s'installent au jardin dès le mois d'avril dans les régions bénéficiant d'un climat doux, ou après les saints de glace (à la mi-mai) dans les autres zones.

Sol et exposition : la tomate demande un sol riche en compost, peu argileux, et une exposition ensoleillée.

Entretien : binages, désherbages et arrosages (uniquement au pied des plants, sans mouiller les feuilles) sont à réaliser en fonction des besoins. Les plants doivent être attachés à un tuteur, notamment au niveau des bouquets de fruits afin de bien les soutenir. Les gourmands seront éliminés à la main, le plus tôt possible (au besoin, agissez plusieurs fois par semaine).

Récolte : la récolte débute vers la mi-juin et dure jusqu'aux premières gelées. Elle s'effectue au fur et à mesure du développement des fruits.

Plantes amies et ennemies

La tomate joue la carte de l'accord parfait avec de nombreuses autres plantes : les choux, l'ail, les carottes, l'oignon et l'échalote, les radis, les épinards, le basilic, les céleris, le persil… mais aussi les œillets d'Inde et les soucis. Par contre, elle apprécie relativement peu la proximité des courges, des betteraves, des pommes de terre et des concombres.

Jardinage avec la Lune

La préparation et l'enrichissement du sol, le repiquage, la plantation, l'entretien et la taille doivent être réalisés en lune descendante, devant la constellation du Lion. Le semis, la multiplication et la récolte sont effectués en lune ascendante, lorsque celle-ci passe devant les constellations du Bélier et du Sagittaire.

Ennemis et maladies

Les pucerons sont ses plus redoutables ennemis. Elle craint aussi le mildiou.

Semis : **février-mars**

Récolte : **juin à octobre**

Les meilleures variétés

* **Hâtives :** *'Cerise rouge', tomates-cerises en grappes ; 'Délice du jardinier', tomates-cerises en grappes ; 'Fandango', F1, fruits ronds plus gros ; 'Marmande', gros fruits rouges parfumés ; 'So Gold', fruits jaune-orangé de taille moyenne, en grappes.*
* **Mi-saison :** *'Big Rainbow', gros fruits tricolores ; 'Green Zebra', fruits verts ronds ; 'New Zealand Pear', fruits roses de taille moyenne ; 'Noire de Crimée', fruits rouge sombre de taille moyenne ; 'Roma', fruits petits et allongés ; 'Saint-Pierre', fruits rouges de taille moyenne ; 'Sweet 100', très petits fruits fermes en grappes.*
* **Tardives :** *'Ananas', gros fruits ovales à la chair orange ; 'Cœur de bœuf', fruits de taille moyenne à chair rouge ; 'Pyros', F1, fruits rouges de taille moyenne.*

Calendrier lunaire
mars 2022 à février 2023

Comprendre et utiliser les tableaux lunaires hebdomadaires

Nos tableaux sont fondés sur le cycle périodique lunaire (lune montante-descendante) difficile à observer de visu, ainsi que sur l'influence des constellations au moment où la lune passe devant elles. Notons qu'il s'agit des douze constellations « classiques ». Ce qui exclut les autres (Orion, Sextant…), cependant répertoriées par les astronomes.

Les quatre éléments en rapport avec les quatre parties des plantes

Ces constellations zodiacales ont une symbolique comparable à celles des signes du zodiaque astrologique. On distingue les signes de terre (Capricorne, Taureau, Vierge), les signes d'eau (Poissons, Cancer, Scorpion), les signes d'air (Gémeaux, Balance, Verseau) et les signes de feu (Sagittaire, Bélier, Lion). Ces quatre éléments sont mis en relation avec les quatre parties des plantes, racines, feuilles, fleurs et fruits. Lorsque la lune passe devant la constellation du Bélier, par exemple, signe de feu associé à la fructification, les légumes cultivés pour leurs fruits sont favorisés. Cela est signalé dans le tableau sous la dénomination de « jour fruit » à chaque fois que la lune passe devant cette constellation, c'est-à-dire plusieurs fois par mois.

Jour racine

Jour feuille

Jour fruit

Jour fleur

Par ailleurs, l'influence des constellations se combine avec le mouvement apparent de la lune dans le ciel, montant ou descendant. Le mouvement montant favorise les semis, le mouvement descendant est bénéfique aux plantations et aux repiquages. Ainsi, on sèmera les carottes (légume-racine) en lune montante et les jours racine, lorsque la lune passe devant la constellation du Capricorne, du Taureau ou de la Vierge.

Bien sûr, ces mouvements de la lune ne correspondent pas exactement avec notre calendrier en jours, semaines et mois. Il se peut, par exemple, qu'un dimanche commence en jour feuille et se poursuive en jour fruit.

Les horaires sont établis à la minute près. On doit tenir compte de l'éloignement du jardin par rapport au méridien de Greenwich, situé dans le tiers ouest de la France. Le jardinier brestois devrait retrancher 18 min aux mentions horaires des tableaux ci-après, alors que celui de Strasbourg devrait ajouter une demi-heure. Il faut donc relativiser les horaires des semis et des plantations. Bien entendu, nous avons tenu compte des passages à l'heure d'été et à l'heure d'hiver.

Les périodes lunaires néfastes

Il est tenu compte de certaines particularités du mouvement de la lune. À savoir l'apogée, où la lune se trouve la plus éloignée de la Terre, et le périgée, où au contraire elle est la plus proche. Mais aussi des nœuds lunaires, ascendant et descendant. L'existence de ces perturbations ou leur intensité étant assez discutées, nous avons adopté la période de 5 h avant et 5 h après ces épisodes, pendant lesquels il faut éviter le jardinage, délai qui est le plus généralement retenu. D'autres spécialistes peuvent conseiller de ne pas jardiner pendant 12 h, voire 24 h. Nombre de jardiniers qui suivent un calendrier lunaire ne tiennent pas compte de ces périodes néfastes : nous avons placé celles-ci à part dans les tableaux hebdomadaires, avec une indication de plus ou moins 5 h « environ ».

Le rythme croissant-décroissant

Nous avons mentionné le rythme le plus connu de la lune, croissant-décroissant. Toutefois, il faut savoir qu'il est difficile de tenir compte en même temps des deux cycles lunaires ainsi que des passages devant les constellations.

Par exemple : il est parfois conseillé de planter les arbres fruitiers en lune à la fois descendante et croissante. Or une période favorable dans l'un des cycles ne l'est pas forcément dans l'autre. Ce qui peut amener à repousser sans cesse la plantation. Sans doute, on trouvera en janvier ou février de l'année suivante le « créneau » parfait. Le bon sens commande toutefois qu'en octobre ou en novembre, quand le temps n'est généralement pas encore très froid, on se trouve dans une période propice pour planter un arbre qui aura tout le temps de s'installer avant de démarrer au printemps.

Certains vont jusqu'à vouloir concilier les deux phases de la lune avec les marées. Pour continuer notre exemple, il faudrait alors planter un pommier en lune descendante et décroissante, en marée montante, ou alors en lune descendante et décroissante, en marée descendante. Un vrai casse-tête !

Périodes de semis et de plantations

Plusieurs périodes de semis et de plantations sont suggérées : au jardinier de choisir les plus adaptées à son climat, à l'avancement de la végétation, à la météo... Nous n'avons pas mentionné systématiquement les périodes de repiquages correspondant aux semis, ni les périodes de récoltes en fonction des plantations.

D'une manière générale, il faut savoir que l'on doit semer en lune montante, repiquer et planter en lune descendante, si possible dans le jour (fruit, racine, feuille, fleur) correspondant au type de légume.

Pour les récoltes, on fait si possible celles des légumes-feuilles et des fruits (ainsi que les grains) en lune montante. Alors que les légumes-racines sont à récolter en lune descendante.

Le travail du sol se fait en lune descendante, en jours racine si possible.

Lune rousse, saints de glace

Beaucoup de jardiniers tiennent plus ou moins compte de ces périodes traditionnelles, les unes fixes (les fameux saints de glace), les autres mobiles (la période de lune dite « rousse », car elle pourrait roussir les plantules) sont fonction de la date de Pâques, variable d'une année sur l'autre. Nous les avons mentionnées.

De même, nous avons choisi pour chaque semaine un dicton souvent lié à la fête d'un saint : on sait que ces dictons avaient souvent une fonction mnémotechnique pour se rappeler certains travaux.

Enfin, une partie « Ne pas oublier » rappelle ou suggère certains travaux qui n'ont pas de lien avec les phases lunaires : par exemple, protéger le robinet d'eau du jardin avant que de grosses gelées ne l'endommagent !

1 Date

2 Cycles lunaires

- Lune décroissante
- Lune croissante
- Lune montante
- Lune descendante
- Pleine lune
- Dernier quartier (lune décroissante)
- Nouvelle lune
- Premier quartier (lune croissante)

Événements lunaires

ND	Nœud descendant
NA	Nœud ascendant
A	Apogée
P	Périgée

3 Horaires de lever et de coucher de la lune

4 Symboles végétaux

- Jour racine
- Jour feuille
- Jour fruit
- Jour fleur

5 Constellations du zodiaque dans lesquelles passe la lune

Travaux de jardinage à effectuer selon la position de la lune

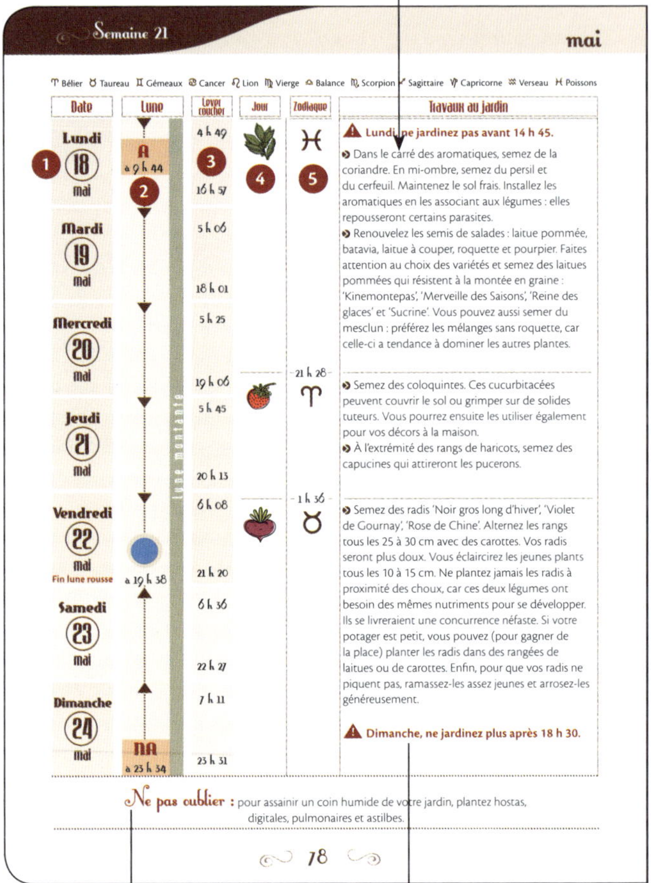

Semaine 21 — mai

♈ Bélier ♉ Taureau ♊ Gémeaux ♋ Cancer ♌ Lion ♍ Vierge ♎ Balance ♏ Scorpion ♐ Sagittaire ♑ Capricorne ♒ Verseau ♓ Poissons

Date	Lune	Lever coucher	Jour	Zodiaque	Travaux au jardin
Lundi 18 mai	A à 9 h 44	4 h 49 / 16 h 57		♓	Lundi, ne jardinez pas avant 14 h 45. Dans le carré des aromatiques, semez de la coriandre. En mi-ombre, semez du persil et du cerfeuil. Maintenez le sol frais. Installez les aromatiques en les associant aux légumes : elles repousseront certains parasites. Renouvelez les semis de salades : laitue pommée, batavia, laitue à couper, roquette et pourpier. Faites attention au choix des variétés et semez des laitues pommées qui résistent à la montée en graine : 'Kinemontepas', 'Merveille des Saisons', 'Reine des glaces' et 'Sucrine'. Vous pouvez aussi semer du mesclun : préférez les mélanges sans roquette, car celle-ci a tendance à dominer les autres plantes.
Mardi 19 mai		5 h 06 / 18 h 01			
Mercredi 20 mai		5 h 25 / 19 h 06		21 h 28 ♈	Semez des coloquintes. Ces cucurbitacées peuvent couvrir le sol ou grimper sur de solides tuteurs. Vous pourrez ensuite les utiliser également pour vos décors à la maison. À l'extrémité des rangs de haricots, semez des capucines qui attireront les pucerons.
Jeudi 21 mai		5 h 45 / 20 h 13			
Vendredi 22 mai Fin lune rousse	à 19 h 38	6 h 08 / 21 h 20		1 h 36 ♉	Semez des radis 'Noir gros long d'hiver', 'Violet de Gournay', 'Rose de Chine'. Alternez les rangs tous les 25 à 30 cm avec des carottes. Vos radis seront plus doux. Vous éclaircirez les jeunes plants tous les 10 à 15 cm. Ne plantez jamais les radis à proximité des choux, car ces deux légumes ont besoin des mêmes nutriments pour se développer. Ils se livreraient une concurrence néfaste. Si votre potager est petit, vous pouvez (pour gagner de la place) planter les radis dans des rangées de laitues ou de carottes. Enfin, pour que vos radis ne piquent pas, ramassez-les assez jeunes et arrosez-les généreusement.
Samedi 23 mai		6 h 36 / 22 h 27			
Dimanche 24 mai	NA à 23 h 34	7 h 11 / 23 h 31			Dimanche, ne jardinez plus après 18 h 30.

Lune montante

Ne pas oublier : pour assainir un coin humide de votre jardin, plantez hostas, digitales, pulmonaires et astilbes.

78

Travaux du jardin à ne pas négliger

Période néfaste pour le jardinage

♈ Bélier ♉ Taureau ♊ Gémeaux ♋ Cancer ♌ Lion ♍ Vierge ♎ Balance ♏ Scorpion ♐ Sagittaire ♑ Capricorne ♒ Verseau ♓ Poissons

Rappel du mois

Rappel de la semaine

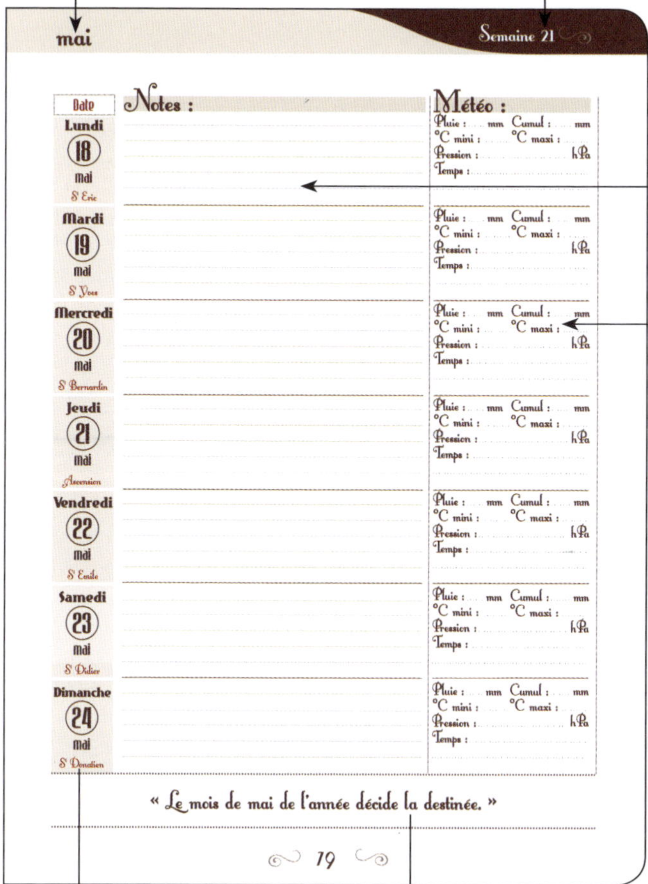

Notes personnelles

Carnet météo

- Niveau des précipitations
- Températures minimales et maximales
- Pression
- Temps général (brumeux, ensoleillé, pluvieux…)

Saint à fêter

Le dicton de la semaine

♈ Bélier ♉ Taureau ♊ Gémeaux ♋ Cancer ♌ Lion ♍ Vierge ♎ Balance ♏ Scorpion ♐ Sagittaire ♑ Capricorne ♒ Verseau ♓ Poissons

Date	Lune	Lever coucher	Jour	Zodiaque	Travaux au jardin
Lundi 28 février	lune montante	7 h 00 / 15 h 28		♑	Élaguez les conifères. Cette taille se limite généralement à la suppression du bois mort, malade ou endommagé. Les conifères ne produisent pas facilement de nouvelles pousses sur du vieux bois. Il est donc déconseillé de tailler dans du bois de plus de deux ans. Seuls, l'if ('*Taxus* spp.') et la pruche ('*Tsuga* spp.') tolèrent des tailles plus sévères.
Mardi 1er mars		7 h 32 / 16 h 51		15 h 05 ♒	Taillez les mimosas. Originaire d'Australie et classé comme arbuste décoratif méditerranéen, le mimosa ('Acacia dealbata' et autres espèces) appartient à la vaste famille des légumineuses. Il pousse rapidement : c'est d'ailleurs l'un de ses plus formidables atouts. Tablez sur une croissance de 30 à 60 cm par an, avec une longévité théorique d'un demi-siècle (si son grand ennemi – le gel – ne le terrasse pas préalablement). Comptez 3 à 10 m de hauteur, 2 à 4 m d'étalement. Semez les vivaces. Plantez les rosiers. Replantez les arbustes à fleurs.
Mercredi 2 mars	à 18 h 34	7 h 57 / 18 h 13			
Jeudi 3 mars		8 h 16 / 19 h 31		21 h 23 ♓	Il est temps de passer aux traitements fongiques : le soir, pulvérisez du purin d'ortie sur les feuilles des légumes, des arbres et des fleurs. Le purin d'ortie s'utilise en dilution à 10 ou 20 %, en arrosage au pied des plantes pour hâter la pousse de feuilles, ou en pulvérisation après filtration du purin et dilution à 10 ou 20 %, sur le sol et les plantes tous les quinze jours. Semez en arrosant modérément avec un purin d'ortie. Si le temps est froid et le sol détrempé, il est inutile de semer. Mieux vaut attendre une amélioration des conditions. Attention aux gelées tardives. Le soir, protégez les semis et les fleurs les plus fragiles au moyen de papier journal.
Vendredi 4 mars		8 h 34 / 20 h 46			
Samedi 5 mars		8 h 50 / 21 h 59			
Dimanche 6 mars		9 h 07 / 23 h 11		14 h 12 ♈	Semez les fèves 'de Séville à longue cosse' en lignes distantes de 30 à 40 cm. Binez quelques jours après la levée.

Ne pas oublier : ne mettez pas vos déchets dans votre compost mûr ou demi-mûr de l'an passé. Commencez plutôt un nouveau compost

Date	Notes :	Météo :
Lundi 28 février St Romain		Pluie : ...... mm Cumul : ...... mm °C mini : .... °C maxi : .... Pression : .... hPa Temps : ....
Mardi 1er mars Mardi gras		Pluie : ...... mm Cumul : ...... mm °C mini : .... °C maxi : .... Pression : .... hPa Temps : ....
Mercredi 2 mars Cendres		Pluie : ...... mm Cumul : ...... mm °C mini : .... °C maxi : .... Pression : .... hPa Temps : ....
Jeudi 3 mars St Guénolé		Pluie : ...... mm Cumul : ...... mm °C mini : .... °C maxi : .... Pression : .... hPa Temps : ....
Vendredi 4 mars St Casimir		Pluie : ...... mm Cumul : ...... mm °C mini : .... °C maxi : .... Pression : .... hPa Temps : ....
Samedi 5 mars Ste Olive		Pluie : ...... mm Cumul : ...... mm °C mini : .... °C maxi : .... Pression : .... hPa Temps : ....
Dimanche 6 mars Ste Colette		Pluie : ...... mm Cumul : ...... mm °C mini : .... °C maxi : .... Pression : .... hPa Temps : ....

« Février neigeux, été venteux. »

♈ Bélier ♉ Taureau ♊ Gémeaux ♋ Cancer ♌ Lion ♍ Vierge ♎ Balance ♏ Scorpion ♐ Sagittaire ♑ Capricorne ♒ Verseau ♓ Poissons

Date	Lune	Lever / coucher	Jour	Zodiaque	Travaux au jardin
Lundi 7 mars	lune montante	9 h 24 / –		♈	Greffez les arbres fruitiers (les poiriers, les pommiers, les pruniers, les abricotiers) en fente et en incrustation, avec les greffons prélevés entre décembre et février. Veillez à bien positionner les greffons, ligaturez et mastiquez.
Mardi 8 mars	NA à 9 h 20	9 h 45 / 0 h 22		7 h 04 ♉	**Mardi, ne jardinez pas avant 14 h 20.** Plantez les dahlias en ajoutant de la cendre de bois. Multipliez les souches des yuccas, de cognassiers du Japon, de pieds d'alouette, de rudbeckias, de phlox, d'asters… Enfouissez les engrais verts, notamment le trèfle incarnat, pour enrichir et améliorer le sol. Semez des radis de tous les mois 'Flamboyant', 'Bamba', 'Gaudry 2' ou 'National' sous châssis ou en tunnel. Pour qu'ils ne soient pas filiformes, semez des radis demi-longs à 1 cm de profondeur. Vous pouvez aussi les semer en mélange avec des carottes demi-longues. En place, en rangs espacés d'environ 30 cm, semez des carottes 'Nantaise améliorée', 'de Colmar' et 'de Meaux'.
Mercredi 9 mars		10 h 11 / 1 h 32			
Jeudi 10 mars	à 11 h 45	10 h 43 / 2 h 38			
Vendredi 11 mars	A à 0 h 03; 1h13	11 h 24 / 3 h 40		9 h 23 ♊	**Vendredi, ne jardinez pas avant 5 h 05.** Éclaircissez les impatiens qui ont été semées en février. Caractérisée par un port compact et une hauteur qui sait rester modeste, l'impatiens arbore des fleurs multicolores (rouge, rose, saumon, orange, lavande ou blanc) qui s'ouvrent tout au long de l'été. Semez des annuelles rustiques telles que les nigelles, les pieds d'alouette ou les immortelles. Elles garniront les plates-bandes fleuries à peu de frais. Vous pouvez aussi semer des mélanges du commerce. Ratissez en évitant de regrouper les graines.
Samedi 12 mars	lune descendante	12 h 14 / 4 h 34			
Dimanche 13 mars		13 h 14 / 5 h 20		15 h 27 ♋	Taillez les cotonéasters et les éléagnus.

Ne pas oublier : contrôlez l'état des tuteurs (le gel a tendance à les déchausser) et la solidité des liens les unissant aux plantes.

Date	Notes :	Météo :
Lundi 7 mars Ste Félicité		Pluie : ...... mm Cumul : ...... mm °C mini : .... °C maxi : .... Pression : .... hPa Temps : ....
Mardi 8 mars St Jean de Dieu		Pluie : ...... mm Cumul : ...... mm °C mini : .... °C maxi : .... Pression : .... hPa Temps : ....
Mercredi 9 mars Ste Françoise		Pluie : ...... mm Cumul : ...... mm °C mini : .... °C maxi : .... Pression : .... hPa Temps : ....
Jeudi 10 mars St Vivien		Pluie : ...... mm Cumul : ...... mm °C mini : .... °C maxi : .... Pression : .... hPa Temps : ....
Vendredi 11 mars Ste Rosine		Pluie : ...... mm Cumul : ...... mm °C mini : .... °C maxi : .... Pression : .... hPa Temps : ....
Samedi 12 mars Ste Justine		Pluie : ...... mm Cumul : ...... mm °C mini : .... °C maxi : .... Pression : .... hPa Temps : ....
Dimanche 13 mars St Rodrigue		Pluie : ...... mm Cumul : ...... mm °C mini : .... °C maxi : .... Pression : .... hPa Temps : ....

« En mars quand il fait beau, prends ton manteau. »

♈ Bélier ♉ Taureau ♊ Gémeaux ♋ Cancer ♌ Lion ♍ Vierge ♎ Balance ♏ Scorpion ♐ Sagittaire ♑ Capricorne ♒ Verseau ♓ Poissons

Date	Lune	Lever coucher	Jour	Zodiaque	Travaux au jardin
Lundi 14 mars	▲	14 h 21 / 5 h 56		♋	Pour les haies, vos arbustes à feuilles caduques doivent être plantés avant la fin de ce mois de mars. N'oubliez pas un mètre afin de vérifier l'espacement entre chaque arbuste, ainsi qu'un cordeau pour leur assurer un parfait alignement.
Mardi 15 mars	▲ lune descendante	15 h 33 / 6 h 24		5 h 01 ♌	Pour éviter un débourrement trop rapide qui favorise le gel des fleurs, enlevez le tapis d'herbes sous les fruitiers. Binez et bêchez en surface afin que le sol soit nu, puis installez un paillis. Pulvérisez de la bouillie bordelaise sur les arbres fruitiers si la température atteint au moins 9 °C en journée. Greffez les fruitiers en fente et en incrustation avec les greffons qui ont été prélevés en hiver. Positionnez les greffons, ligaturez, mastiquez et protégez des oiseaux. Taillez les pêchers au début de leur floraison. Aérez la ramure et rapprochez la fructification vers le bas des arbres. Supprimez les rameaux qui ont fructifié l'année précédente. S'il n'est pas taillé, le pêcher vieillit prématurément et ne donne plus de fruits.
Mercredi 16 mars	▲ lune descendante	16 h 46 / 6 h 48			
Jeudi 17 mars	▲ lune descendante	18 h 01 / 7 h 08			
Vendredi 18 mars	▲ pleine lune à 8 h 17 ▼ lune descendante	19 h 17 / 7 h 26		22 h 35 ♍	Coupez les arbres, à l'exception des résineux, destinés à la charpente et au bois d'extérieur. Le bois d'œuvre doit être coupé en lune descendante, en évitant toutefois le dernier jour de cette période. Le bois de charpente doit être coupé pour sa part en Lion, Vierge, Balance, Scorpion ou Sagittaire. Pour éviter qu'il ne travaille ou éclate, coupez-le en Balance ou en Scorpion. Une exception notable à retenir : les piquets en bois de vos clôtures auront une plus grande longévité s'ils sont coupés en période de nouvelle lune. Plantez-les au moment où la lune est devant la constellation du Lion. Une mention particulière pour le bois de chauffage : il doit être coupé en lune descendante, à condition d'éviter les jours les plus proches de la nouvelle lune. Ce bois sèchera mieux lorsqu'il sera empilé en lune descendante, entre le premier et le dernier quartier.
Samedi 19 mars	▼ lune descendante	20 h 34 / 7 h 43			
Dimanche 20 mars Équinoxe	▼ lune descendante	21 h 54 / 8 h 01			

Ne pas oublier : ne laissez pas les mauvaises herbes s'installer au pied des arbustes plantés cet hiver.

Date	Notes :	Météo :
Lundi 14 mars Ste Mathilde		Pluie : … mm Cumul : … mm °C mini : … °C maxi : … Pression : … hPa Temps : …
Mardi 15 mars Ste Louise		Pluie : … mm Cumul : … mm °C mini : … °C maxi : … Pression : … hPa Temps : …
Mercredi 16 mars Ste Bénédicte		Pluie : … mm Cumul : … mm °C mini : … °C maxi : … Pression : … hPa Temps : …
Jeudi 17 mars St Patrice		Pluie : … mm Cumul : … mm °C mini : … °C maxi : … Pression : … hPa Temps : …
Vendredi 18 mars St Cyrille		Pluie : … mm Cumul : … mm °C mini : … °C maxi : … Pression : … hPa Temps : …
Samedi 19 mars St Joseph		Pluie : … mm Cumul : … mm °C mini : … °C maxi : … Pression : … hPa Temps : …
Dimanche 20 mars Printemps		Pluie : … mm Cumul : … mm °C mini : … °C maxi : … Pression : … hPa Temps : …

« Quand il tonne en mars, jardinier prend garde. »

♈ Bélier ♉ Taureau ♊ Gémeaux ♋ Cancer ♌ Lion ♍ Vierge ♎ Balance ♏ Scorpion ♐ Sagittaire ♑ Capricorne ♒ Verseau ♓ Poissons

Date	Lune	Lever coucher	Jour	Zodiaque
Lundi 21 mars	lune descendante	23 h 16 / 8 h 20		5 h 49 ♎
Mardi 22 mars	ND à 9 h 11	– / 8 h 44		19 h 03 ♏
Mercredi 23 mars		0 h 38 / 9 h 15		
Jeudi 24 mars	P à 0 h 37	1 h 59 / 9 h 55		17 h 13 ♐
Vendredi 25 mars	à 6 h 37 — 12h52	3 h 12 / 10 h 49		
Samedi 26 mars	lune montante	4 h 12 / 11 h 56		
Dimanche 27 mars		5 h 58 / 14 h 13		0 h 13 ♑

Travaux au jardin

- Plantez les arbustes de terre de bruyère (magnolia, hortensia, camélia, azalée de Chine…) qui reprennent bien en cette saison.
- Tuteurez les vivaces et divisez les plus grosses touffes. La plupart des vivaces ont une période de floraison allant d'une semaine à plusieurs mois, généralement au printemps et dans le courant de l'été.

⚠ Mardi, ne jardinez pas avant 14 h 15.

- Première tonte de la pelouse ! Quelques conseils : tondez lorsque l'herbe est bien sèche, quand elle est 30 % plus haute que la taille conseillée (les graminées de climat froid doivent être maintenues à 6 ou 7 cm, celles de climat chaud à 2 ou 3 cm), dans des directions différentes à chaque tonte (une fois dans la longueur de la pelouse, une fois dans sa largeur), laissez les déchets de tonte en place à condition qu'ils soient très courts et bien disséminés.

⚠ Jeudi, ne jardinez pas avant 5 h 40.

- Limitez la cloque du pêcher au moyen de purin d'ortie dilué à 5 % et des algues calcaires à 2 %, tous les dix jours, ou encore une décoction de prêle tous les trois jours. La cloque est l'une des maladies les plus faciles à reconnaître. Elle se caractérise par des feuilles cloquées et enroulées sur elles-mêmes, avec changement de couleur : elles passent au jaune, puis au rouge vif ou au pourpre. L'arbre perd son feuillage prématurément. Les jeunes rameaux se déforment et il se produit un écoulement de gomme. La cloque n'affecte en principe pas la vie de l'arbre, sauf si la maladie survient plusieurs années de suite.

- Multipliez les souches des yuccas, des cognassiers du Japon, des pieds d'alouette, des rudbeckias, des phlox et des asters.

Ne pas oublier : si vous possédez une rocaille, c'est le moment de la désherber.

Date	Notes :	Météo :
Lundi 21 mars Ste Clémence		Pluie : ...... mm Cumul : ...... mm °C mini : .... °C maxi : .... Pression : .... hPa Temps : ....
Mardi 22 mars Ste Léa		Pluie : ...... mm Cumul : ...... mm °C mini : .... °C maxi : .... Pression : .... hPa Temps : ....
Mercredi 23 mars St Victorien		Pluie : ...... mm Cumul : ...... mm °C mini : .... °C maxi : .... Pression : .... hPa Temps : ....
Jeudi 24 mars Ste Cath. de Suè.		Pluie : ...... mm Cumul : ...... mm °C mini : .... °C maxi : .... Pression : .... hPa Temps : ....
Vendredi 25 mars Annonciation		Pluie : ...... mm Cumul : ...... mm °C mini : .... °C maxi : .... Pression : .... hPa Temps : ....
Samedi 26 mars Ste Larissa		Pluie : ...... mm Cumul : ...... mm °C mini : .... °C maxi : .... Pression : .... hPa Temps : ....
Dimanche 27 mars St Habib		Pluie : ...... mm Cumul : ...... mm °C mini : .... °C maxi : .... Pression : .... hPa Temps : ....

« Autant de brouillard en mars que de gelées en mai. »

♈ Bélier ♉ Taureau ♊ Gémeaux ♋ Cancer ♌ Lion ♍ Vierge ♎ Balance ♏ Scorpion ♐ Sagittaire ♑ Capricorne ♒ Verseau ♓ Poissons

Date	Lune	Lever / coucher	Jour	Zodiaque	Travaux au jardin
Lundi 28 mars	▼ lune montante	6 h 32 / 15 h 34		♑	Plantez des dahlias en ajoutant de la cendre de bois. La matinée doit être réservée aux semis alors que la soirée est plutôt consacrée aux repiquages.
				23 h 29	
Mardi 29 mars	▼ lune montante	6 h 59 / 16 h 54		♒	Surprenant, mais efficace : suspendez des harengs séchés dans les branches des cerisiers pour éloigner les insectes pondeurs. Grâce à cette petite astuce, vous n'aurez pas de fruits véreux dans vos cueillettes. Semez en place les annuelles qui combleront les vides dans les bordures et les massifs. L'avantage des annuelles réside non seulement dans leur prix d'achat qui reste très raisonnable, mais aussi dans leur extraordinaire diversité, leur croissance rapide, leur très grande facilité de culture, leur belle et longue floraison.
Mercredi 30 mars	▼ lune montante	7 h 20 / 18 h 12			
Jeudi 31 mars	▼ lune montante	7 h 38 / 19 h 28			
				6 h 58	
				♓	Semez la pelouse dans une terre bien préparée et ratissée, en croisant les passages. Plombez le semis avec un rouleau, arrosez jusqu'à la levée. Comme une pelouse représente un investissement sur le long terme, privilégiez des semences de qualité. Reconnaissez-les en recherchant les informations figurant sur l'emballage : le nom complet de la variété, le taux de graines de mauvaises herbes (qui doit être inférieur à 0,5 %) et le taux de germination (qui doit être supérieur à 85 % pour le pâturin et à 90 % pour toutes les autres variétés). La quantité de graines varie d'une variété à l'autre, comprise habituellement entre 4 et 0,75 kg/100 mètres carrés.
Vendredi 1er avril	▼ pleine lune à 8 h 24	7 h 54 / 20 h 41			
Samedi 2 avril	▲	8 h 10 / 21 h 53			
				23 h 31	
Dimanche 3 avril	▲	8 h 27 / 23 h 05		♈	Semez les melons, les cornichons et les concombres au chaud. Pour lever régulièrement, ils ont besoin d'une vingtaine de degrés. Il faudra les repiquer en godets avant de les installer au jardin.

Ne pas oublier : tuteurez solidement les nouveaux arbres fruitiers.

Date	Notes :	Météo :
Lundi 28 mars St Gontran		Pluie : ...... mm Cumul : .... °C mini : .... °C maxi : .... Pression : .... Temps : ....
Mardi 29 mars Ste Gwladys		Pluie : ...... mm Cumul : .... °C mini : .... °C maxi : .... Pression : .... Temps : ....
Mercredi 30 mars St Amédée		Pluie : ...... mm Cumul : .... °C mini : .... °C maxi : .... Pression : .... Temps : ....
Jeudi 31 mars St Benjamin		Pluie : ...... mm Cumul : .... °C mini : .... °C maxi : .... Pression : .... Temps : ....
Vendredi 1er avril St Hugues		Pluie : ...... mm Cumul : .... °C mini : .... °C maxi : .... Pression : .... Temps : ....
Samedi 2 avril Ste Sandrine		Pluie : ...... mm Cumul : .... °C mini : .... °C maxi : .... Pression : .... Temps : ....
Dimanche 3 avril St Richard		Pluie : ...... mm Cumul : .... °C mini : .... °C maxi : .... Pression : .... Temps : ....

« À la Saint-Benjamin, le mauvais temps prend fin. »

♈ Bélier ♉ Taureau ♊ Gémeaux ♋ Cancer ♌ Lion ♍ Vierge ♎ Balance ♏ Scorpion ♐ Sagittaire ♑ Capricorne ♒ Verseau ♓ Poissons

Date	Lune	Lever / coucher	Zodiaque
Lundi 4 avril	NA à 15 h 04 (lune montante)	8 h 47 / –	♈ ; 16 h 41 ♉
Mardi 5 avril	lune montante	9 h 10 / 0 h 15	♉
Mercredi 6 avril	lune montante	9 h 40 / 1 h 25	♉
Jeudi 7 avril	A à 21 h 10 (lune montante)	10 h 16 / 2 h 29	18 h 29 ♊
Vendredi 8 avril	10h14 lune descendante	11 h 03 / 3 h 27	♊
Samedi 9 avril	Premier quartier à 8 h 47 (lune descendante)	11 h 58 / 4 h 15	♊
Dimanche 10 avril	lune descendante	13 h 02 / 4 h 55	0 h 48 ♋

Travaux au jardin

♈ (jusqu'à 16 h 41)

- Greffez en fente ou en couronne les arbres fruitiers qui débourrent.

♉ (16 h 41)

- Pour éliminer les déchets toxiques issus de la décomposition des feuilles, videz les trois quarts de votre bassin d'eau. Faites attention de ne pas éliminer les bourgeons de vos nénuphars, ni les escargots d'eau. Faites aussi attention aux poissons qui vivent dans le bassin.
- Plantez les dahlias, en ajoutant de la cendre de bois.
- Enfouissez les engrais verts, et notamment le trèfle incarnat, pour enrichir et améliorer le sol.
- Semez des radis de tous les mois 'Flamboyant', 'Bamba', 'Gaudry 2' ou 'National'. Vous les planterez sous châssis ou sous tunnel. Il faut semer les radis demi-longs à un bon centimètre de profondeur pour qu'ils ne soient pas filiformes. Vous pouvez aussi les semer en mélange avec des carottes demi-longues.

⚠ **Jeudi, ne jardinez plus après 15 h.**

♊ (18 h 29)

- Plantez les arbustes de terre de bruyère : azalée de Chine, rhododendron, magnolia, camélia, hortensia… Ils reprennent mieux en cette période, même s'ils sont en conteneurs.
- Installez les vivaces en godets et les arbustes à fleurs en conteneurs.
- Plantez les glaïeuls à 10 cm de profondeur et à 20 cm de distance les uns des autres. D'une manière globale, le glaïeul apprécie tous les types de sol, mais marque une préférence pour une situation ensoleillée.
- Repiquez, en godets, les impatiens semées au mois de mars.
- Taillez les arbustes qui ont déjà fleuri.

♋ (0 h 48)

- Plantez une haie d'arbustes feuillus. Creusez des trous tous les mètres, enrichissez la terre avec du compost, hydratez les mottes ou pralinez les racines. Mettez ensuite en place. Arrosez généreusement, sauf s'il existe des risques de gelée.

Ne pas oublier : pour éviter qu'ils soient envahis de pucerons, installez des colliers anti-fourmis à vos arbres fruitiers.

Date	Notes :	Météo :
Lundi 4 avril St Isidore		Pluie : ...... mm Cumul : ...... mm °C mini : .... °C maxi : .... Pression : .... hPa Temps : ....
Mardi 5 avril Ste Irène		Pluie : ...... mm Cumul : ...... mm °C mini : .... °C maxi : .... Pression : .... hPa Temps : ....
Mercredi 6 avril St Marcellin		Pluie : ...... mm Cumul : ...... mm °C mini : .... °C maxi : .... Pression : .... hPa Temps : ....
Jeudi 7 avril S J.-B. de la Salle		Pluie : ...... mm Cumul : ...... mm °C mini : .... °C maxi : .... Pression : .... hPa Temps : ....
Vendredi 8 avril Ste Julie		Pluie : ...... mm Cumul : ...... mm °C mini : .... °C maxi : .... Pression : .... hPa Temps : ....
Samedi 9 avril St Gautier		Pluie : ...... mm Cumul : ...... mm °C mini : .... °C maxi : .... Pression : .... hPa Temps : ....
Dimanche 10 avril Rameaux		Pluie : ...... mm Cumul : ...... mm °C mini : .... °C maxi : .... Pression : .... hPa Temps : ....

« Avril fait la fleur, mai en a l'honneur. »

♈ Bélier ♉ Taureau ♊ Gémeaux ♋ Cancer ♌ Lion ♍ Vierge ♎ Balance ♏ Scorpion ♐ Sagittaire ♑ Capricorne ♒ Verseau ♓ Poissons

Date	Lune	Lever / coucher
Lundi 11 avril	▲ Lune descendante	14 h 12 / 5 h 26
Mardi 12 avril	▲ Lune descendante	15 h 24 / 5 h 51
Mercredi 13 avril	▲ Lune descendante	16 h 38 / 6 h 12
Jeudi 14 avril	▲ Lune descendante	17 h 54 / 6 h 30
Vendredi 15 avril	▲ Lune descendante	19 h 11 / 6 h 47
Samedi 16 avril	▲ ○ à 20 h 54	20 h 30 / 7 h 04
Dimanche 17 avril	▼ Lune descendante	21 h 54 / 7 h 23

Zodiaque	Travaux au jardin
♋ (jusqu'à 14 h 47)	Taillez vos haies si vous n'avez pas encore eu l'occasion de le faire.
♌ (14 h 47 – 8 h 54)	Plantez, en fonction de la place disponible, des groseilliers, des cassissiers, des framboisiers et des fraisiers remontants. En terre acide, vous pouvez aussi installer des myrtilliers. Enrichissez le sol en compost, mettez soigneusement en place et arrosez. Taillez les pêchers juste avant leur floraison. Aérez la ramure et rapprochez la fructification vers le bas des arbres. Supprimez les rameaux ayant fructifié l'année précédente. N'oubliez pas de pulvériser de la bouillie bordelaise. Prélevez les drageons (pousse qui se développe au départ d'un bourgeon placé sur une racine, à une distance plus ou moins éloignée du pied mère, qui devient autonome et se comporte comme le végétal d'origine) des lilas et rosiers.
♍ (8 h 54 – 15 h 12)	Préparez les massifs à terre de bruyère. La terre de bruyère provient à l'origine de la décomposition des bruyères. Les plantes de terre de bruyère aiment les sols acides, frais et correctement drainés. Elles ne supportent pas la présence de calcaire. En général, ces plantes apprécient peu le soleil direct et se plaisent pour la plupart à la mi-ombre. Le climat atlantique leur convient tout particulièrement. On retrouve dans cette catégorie le rhododendron, l'andromède, l'érable du Japon, la gaulthérie, le camélia, le magnolia, l'azalée, les hortensias, les bruyères d'été et d'hiver…
♎ (à partir de 15 h 12)	Plantez les griffes de muguet.

Ne pas oublier : afin d'en faciliter l'arrosage, ménagez une cuvette autour des arbres et des arbustes plantés cet hiver.

Date	Notes :	Météo :
Lundi 11 avril St Stanislas		Pluie : ...... mm Cumul : ...... mm °C mini : .... °C maxi : .... Pression : .... hPa Temps : ....
Mardi 12 avril St Jules		Pluie : ...... mm Cumul : ...... mm °C mini : .... °C maxi : .... Pression : .... hPa Temps : ....
Mercredi 13 avril St Rodrigue		Pluie : ...... mm Cumul : ...... mm °C mini : .... °C maxi : .... Pression : .... hPa Temps : ....
Jeudi 14 avril St Maxime		Pluie : ...... mm Cumul : ...... mm °C mini : .... °C maxi : .... Pression : .... hPa Temps : ....
Vendredi 15 avril Vendredi saint		Pluie : ...... mm Cumul : ...... mm °C mini : .... °C maxi : .... Pression : .... hPa Temps : ....
Samedi 16 avril St Benoît-Joseph		Pluie : ...... mm Cumul : ...... mm °C mini : .... °C maxi : .... Pression : .... hPa Temps : ....
Dimanche 17 avril Pâques		Pluie : ...... mm Cumul : ...... mm °C mini : .... °C maxi : .... Pression : .... hPa Temps : ....

« Fleur d'avril ne tient qu'à un fil. »

♈ Bélier ♉ Taureau ♊ Gémeaux ♋ Cancer ♌ Lion ♍ Vierge ♎ Balance ♏ Scorpion ♐ Sagittaire ♑ Capricorne ♒ Verseau ♓ Poissons

Date	Lune	Lever coucher	Jour	Zodiaque	Travaux au jardin
Lundi 18 avril	ND à 16 h 00 — lune descendante	23 h 19 7 h 46		♎	Repiquez les fleurs annuelles dans les plates-bandes. Installez les dahlias le long des allées, ainsi que les bégonias tubéreux. **⚠ Lundi, ne jardinez plus après 10 h.**
Mardi 19 avril	P à 17 h 13 — lune descendante	– 8 h 14		3 h 25 ♏	**⚠ Mardi, ne jardinez pas entre 11 h et 21 h 15.** Tondez et scarifiez votre pelouse. La scarification permet d'obtenir une pelouse plus résistante et plus dense. Cette opération, qui s'effectue deux fois par an, consiste à enlever les mousses et le feutre végétal qui, année après année, ont tendance à s'installer à la place du gazon. Autre avantage : la scarification permet également de limiter, voire d'éviter la propagation de maladies.
Mercredi 20 avril	lune descendante	0 h 44 8 h 51			
Jeudi 21 avril	lune descendante jusqu'à 19 h 37, puis lune montante	2 h 03 9 h 42		0 h 20 ♐	Limitez la cloque du pêcher avec du purin d'ortie dilué à 5 % et des algues calcaires diluées à 2 %. Procédez tous les 10 jours. Vous pouvez aussi utiliser une décoction de prêle tous les 3 jours. La cloque du pêcher est facile à reconnaître : elle se caractérise par des feuilles cloquées et enroulées sur elles-mêmes. Ces feuilles changent également de couleur, passant du jaune au rouge vif ou au pourpre. L'arbre perd son feuillage prématurément. En lune montante, prélevez des greffons pleins de vigueur. Mettez en jauge et procédez à la greffe deux mois plus tard, en lune descendante et en jour fruits.
Vendredi 22 avril	lune montante	3 h 09 10 h 46			
Samedi 23 avril	◐ à 13 h 56 — lune montante	4 h 00 12 h 01		6 h 33 ♑	Pour éliminer les déchets toxiques issus de la décomposition des feuilles, videz les trois quarts de votre bassin d'eau. Faites attention de ne pas éliminer les bourgeons des nénuphars, ni les escargots d'eau. Faites aussi attention aux poissons qui vivent dans votre bassin. En règle générale, la matinée doit être réservée aux semis et la soirée doit plutôt être consacrée aux repiquages.
Dimanche 24 avril	lune montante	4 h 37 13 h 21			

Ne pas oublier : en fonction de la température extérieure, aérez la serre.

Date	Notes :	Météo :
Lundi 18 avril Lundi de Pâques		Pluie : ...... mm Cumul : ...... mm °C mini : .... °C maxi : .... Pression : .... hPa Temps : ....
Mardi 19 avril Ste Emma		Pluie : ...... mm Cumul : ...... mm °C mini : .... °C maxi : .... Pression : .... hPa Temps : ....
Mercredi 20 avril Ste Odette		Pluie : ...... mm Cumul : ...... mm °C mini : .... °C maxi : .... Pression : .... hPa Temps : ....
Jeudi 21 avril St Anselme		Pluie : ...... mm Cumul : ...... mm °C mini : .... °C maxi : .... Pression : .... hPa Temps : ....
Vendredi 22 avril St Alexandre		Pluie : ...... mm Cumul : ...... mm °C mini : .... °C maxi : .... Pression : .... hPa Temps : ....
Samedi 23 avril St Georges		Pluie : ...... mm Cumul : ...... mm °C mini : .... °C maxi : .... Pression : .... hPa Temps : ....
Dimanche 24 avril St Fidèle		Pluie : ...... mm Cumul : ...... mm °C mini : .... °C maxi : .... Pression : .... hPa Temps : ....

« À l'issue d'avril, la nature a fait le plus difficile. »

♈ Bélier ♉ Taureau ♊ Gémeaux ♋ Cancer ♌ Lion ♍ Vierge ♎ Balance ♏ Scorpion ♐ Sagittaire ♑ Capricorne ♒ Verseau ♓ Poissons

Date	Lune	Lever coucher	Jour	Zodiaque	Travaux au jardin
Lundi 25 avril	lune montante	5 h 05 / 14 h 41		5 h 02 ♒	Semez des fleurs annuelles directement en place, en arrosant en pluie fine jusqu'au moment de la levée. Vous disposez d'un vaste choix : coquelicots, bleuets, capucines, cosmos, clarkias, lavatères, immortelles, pavots de Californie… Elles combleront les vides dans vos bordures et vos massifs. L'avantage des annuelles réside dans leur prix d'achat, qui est très raisonnable, mais aussi dans leur croissance rapide, leur longue floraison et leur facilité de culture. Une astuce : suspendez des harengs séchés dans les branches des cerisiers. Ils éloigneront les insectes pondeurs et vous n'aurez pas de fruits véreux au cours de vos cueillettes.
Mardi 26 avril		5 h 27 / 15 h 59			
Mercredi 27 avril		5 h 45 / 17 h 13		13 h 29 ♓	Semez la pelouse dans une terre bien préparée et ratissée, en croisant vos passages. Plombez le semis à l'aide d'un rouleau. Arrosez jusqu'à la levée. Comme une pelouse représente un investissement à long terme, privilégiez des semences de qualité. Sur l'emballage, vous devez trouver les informations suivantes : le nom complet de la variété, le taux de graines de mauvaises herbes (qui doit être inférieur à 0,5 %), le taux de germination (qui doit être supérieur à 85 % pour le pâturin et supérieur à 90 % pour toutes les autres variétés). La quantité de graines varie d'une variété à l'autre : de 4 à 0,75 kg pour 100 m².
Jeudi 28 avril		6 h 01 / 18 h 26			
Vendredi 29 avril		6 h 16 / 19 h 38			
Samedi 30 avril Lune rousse	Pleine lune à 22 h 28	6 h 32 / 20 h 49		7 h 00 ♈	Prélevez des greffons pleins de vigueur. Mettez en jauge et procédez à la greffe deux mois plus tard. Replantez les boutures des groseilliers. Ce petit arbuste à enracinement superficiel aime tous les climats, toutes les terres et toutes les expositions. En climat doux, semez le maïs doux par groupe pour favoriser la pollinisation qui ne se fait que grâce au vent. Plantez-les en lignes côte à côte, ou par groupes de 3 ou 4 plants.
Dimanche 1er mai	NA à 21 h 53	6 h 51 / 22 h 00			⚠ **Dimanche, ne jardinez plus après 16 h 45.**

Ne pas oublier : au verger, commencez les traitements biologiques pour lutter contre les attaques de pucerons.

Date	Notes :	Météo :
Lundi 25 avril St Marc		Pluie : ...... mm Cumul : ...... mm °C mini : .... °C maxi : .... Pression : .... hPa Temps : ....
Mardi 26 avril Ste Alida		Pluie : ...... mm Cumul : ...... mm °C mini : .... °C maxi : .... Pression : .... hPa Temps : ....
Mercredi 27 avril Ste Zita		Pluie : ...... mm Cumul : ...... mm °C mini : .... °C maxi : .... Pression : .... hPa Temps : ....
Jeudi 28 avril Ste Valérie		Pluie : ...... mm Cumul : ...... mm °C mini : .... °C maxi : .... Pression : .... hPa Temps : ....
Vendredi 29 avril Ste Cath. de Sienne		Pluie : ...... mm Cumul : ...... mm °C mini : .... °C maxi : .... Pression : .... hPa Temps : ....
Samedi 30 avril St Robert		Pluie : ...... mm Cumul : ...... mm °C mini : .... °C maxi : .... Pression : .... hPa Temps : ....
Dimanche 1er mai Fête du Travail		Pluie : ...... mm Cumul : ...... mm °C mini : .... °C maxi : .... Pression : .... hPa Temps : ....

« Lune rousse sur la semence aura toujours mauvaise influence. »

♈ Bélier ♉ Taureau ♊ Gémeaux ♋ Cancer ♌ Lion ♍ Vierge ♎ Balance ♏ Scorpion ♐ Sagittaire ♑ Capricorne ♒ Verseau ♓ Poissons

Date	Lune	Lever coucher	Jour	Zodiaque
Lundi 2 mai	▲ Lune montante	7 h 12 / 23 h 10		0 h 24 ♉
Mardi 3 mai	▲ Lune montante	7 h 39 / –		
Mercredi 4 mai	▲ Lune montante	8 h 12 / 0 h 17		
Jeudi 5 mai	▲ A à 14 h 46 (17 h 53)	8 h 55 / 1 h 18		2 h 03 ♊
Vendredi 6 mai	▲ Lune descendante	9 h 47 / 2 h 10		
Samedi 7 mai	▲ Lune descendante	10 h 48 / 2 h 53		8 h 32 ♋
Dimanche 8 mai	▲ Lune descendante	11 h 55 / 3 h 27		23 h 02

Travaux au jardin

- Commencez un premier semis de radis d'été ('Glaçon', 'Rosée de Pâques'). Ils produiront dans cinq à six semaines. Ces gros radis, appelés aussi radis-raves, résistent mieux à la sécheresse. Enterrez les graines à un bon centimètre et arrosez régulièrement.
- Dans une terre enrichie de compost, repiquez les poireaux d'été : habillez-les en coupant la moitié du feuillage et en raccourcissant les racines à 2 cm. Ouvrez un sillon profond, arrosez jusqu'au refus, plantez les poireaux au plantoir, refermez le sillon et paillez.
- Semez des betteraves précoces en place, en poquets de 3 graines, à 15 cm d'intervalle.
- Récoltez la prêle pour vos tisanes, mais également pour votre purin.

⚠ **Jeudi, ne jardinez pas entre 9 h et 19 h 45.**

- Taillez les arbustes défleuris en veillant à aérer le centre des touffes. Supprimez le vieux bois. Taillez au-dessus d'un œil tourné vers l'extérieur.
- Bouturez vos vivaces, sans oublier de les étiqueter.
- Plantez vos fleurs à rhizomes telles que les cannas et les bégonias tubéreux.
- Mettez en pots et en jardinières les pétunias et les impatiens.
- Taillez soigneusement les lilas défleuris en les rééquilibrant.
- Plantez les annuelles semées mi-février.

- Procédez au rempotage des plantes d'intérieur.
- Taillez les haies en éclaircissant à l'intérieur.
- En pots ou au jardin, plantez les aromatiques : le basilic, l'estragon, la menthe, la ciboulette, la sauge, le thym… Leurs parfums assez prononcés repousseront nombre de parasites.

Ne pas oublier : arrosez régulièrement toutes les plantes, en fonction de leurs besoins et des conditions climatiques.

Date	Notes :	Météo :
Lundi 2 mai St Boris		Pluie : ...... mm Cumul : ...... mm °C mini : .... °C maxi : .... Pression : .... hPa Temps : ....
Mardi 3 mai Sts Phil., Jacq.		Pluie : ...... mm Cumul : ...... mm °C mini : .... °C maxi : .... Pression : .... hPa Temps : ....
Mercredi 4 mai St Sylvain		Pluie : ...... mm Cumul : ...... mm °C mini : .... °C maxi : .... Pression : .... hPa Temps : ....
Jeudi 5 mai Ste Judith		Pluie : ...... mm Cumul : ...... mm °C mini : .... °C maxi : .... Pression : .... hPa Temps : ....
Vendredi 6 mai Ste Prudence		Pluie : ...... mm Cumul : ...... mm °C mini : .... °C maxi : .... Pression : .... hPa Temps : ....
Samedi 7 mai Ste Gisèle		Pluie : ...... mm Cumul : ...... mm °C mini : .... °C maxi : .... Pression : .... hPa Temps : ....
Dimanche 8 mai Victoire 1945		Pluie : ...... mm Cumul : ...... mm °C mini : .... °C maxi : .... Pression : .... hPa Temps : ....

« Rosée de mai fait tout beau ou tout laid. »

♈ Bélier ♉ Taureau ♊ Gémeaux ♋ Cancer ♌ Lion ♍ Vierge ♎ Balance ♏ Scorpion ♐ Sagittaire ♑ Capricorne ♒ Verseau ♓ Poissons

Date	Lune	Lever / coucher	Jour	Zodiaque	Travaux au jardin
Lundi 9 mai	à 2 h 21	13 h 05 / 3 h 54		♌	C'est la dernière limite pour tailler vos rosiers en veillant à ne pas les tailler trop court, car ils mettraient alors beaucoup plus de temps à fleurir. Ébourgeonnez la vigne à la base des pousses de l'année. Plantez des groseilliers, des framboisiers, des cassissiers et des fraisiers remontants. En terre acide, vous pouvez aussi installer des myrtilliers. Enrichissez le sol en compost, mettez en place et arrosez. À côté des tomates, installez des œillets d'Inde qui éloigneront les nématodes. Ceux-ci entraînent des modifications dans le développement des plantes. Ils peuvent être vecteurs de maladies virales ou bactériennes.
Mardi 10 mai	Lune descendante	14 h 16 / 4 h 15			
Mercredi 11 mai Saint de glace		15 h 30 / 4 h 34		18 h 25 ♍	Plantez les pommes de terre précoces 'Belle de Fontenay', 'Amandine', 'Roseval', 'Sirtema' et 'Charlotte', car elles échappent mieux aux larves de taupins et de limaces. Vous les butterez dès que leur feuillage atteindra 25 cm de haut. En climat frais, il est préférable d'attendre que les risques de gelée soient écartés. Prévoyez un écartement suffisant pour pouvoir les butter facilement. Plantez les poireaux semés à la mi-mars. Coupez les racines à 2 cm et les feuilles à 10 cm. Laissez sécher pendant un ou deux jours à même le sol afin d'éliminer les larves de la teigne (un petit papillon qui donne une chenille réputée pour sa voracité), puis mettez en place tous les 10 cm en enterrant la base. Alternez les rangs avec des carottes. Repiquez et binez tous les légumes racines.
Jeudi 12 mai Saint de glace		16 h 44 / 4 h 51			
Vendredi 13 mai Saint de glace		18 h 02 / 5 h 08			
Samedi 14 mai		19 h 24 / 5 h 26			
Dimanche 15 mai		20 h 49 / 5 h 46		1 h 19 ♎	Installez les bégonias, les pélargoniums, les œillets 'Chabaud', les impatiens ainsi que toutes les annuelles en pots ou dans les massifs. Bouturez les arbustes comme les deutzias, les seringats et les potentilles.

Ne pas oublier : si vos arbustes ne sont pas attaqués par les pucerons, ne les traitez pas. Laissez faire les coccinelles.

Date	Notes :	Météo :
Lundi 9 mai St Pacôme		Pluie : ...... mm Cumul : ...... mm °C mini : .... °C maxi : .... Pression : .... hPa Temps : ....
Mardi 10 mai Ste Solange		Pluie : ...... mm Cumul : ...... mm °C mini : .... °C maxi : .... Pression : .... hPa Temps : ....
Mercredi 11 mai Ste Estelle		Pluie : ...... mm Cumul : ...... mm °C mini : .... °C maxi : .... Pression : .... hPa Temps : ....
Jeudi 12 mai St Achille		Pluie : ...... mm Cumul : ...... mm °C mini : .... °C maxi : .... Pression : .... hPa Temps : ....
Vendredi 13 mai Ste Rolande		Pluie : ...... mm Cumul : ...... mm °C mini : .... °C maxi : .... Pression : .... hPa Temps : ....
Samedi 14 mai St Matthias		Pluie : ...... mm Cumul : ...... mm °C mini : .... °C maxi : .... Pression : .... hPa Temps : ....
Dimanche 15 mai Ste Denise		Pluie : ...... mm Cumul : ...... mm °C mini : .... °C maxi : .... Pression : .... hPa Temps : ....

« Plus mai est chaud, plus l'an vaut. »

♈ Bélier ♉ Taureau ♊ Gémeaux ♋ Cancer ♌ Lion ♍ Vierge ♎ Balance ♏ Scorpion ♐ Sagittaire ♑ Capricorne ♒ Verseau ♓ Poissons

Date	Lune	Lever coucher	Zodiaque
Lundi 16 mai	ND à 1 h 43 ; pleine lune à 6 h 14 ; lune descendante	22 h 17 / 6 h 11	♎ ; 13 h 01 ♏
Mardi 17 mai	P à 17 h 27 ; lune descendante	23 h 43 / 6 h 45	♏
Mercredi 18 mai	lune descendante	– / 7 h 31	8 h 41 ♐
Jeudi 19 mai	lune descendante jusqu'à 3 h 22, puis lune montante	0 h 57 / 8 h 31	♐
Vendredi 20 mai	lune montante	1 h 56 / 9 h 46	13 h 11 ♑
Samedi 21 mai	lune montante	2 h 38 / 11 h 07	♑
Dimanche 22 mai	lune montante ; premier quartier à 20 h 43	3 h 10 / 12 h 29	10 h 42 ♒

Travaux au jardin

⚠ Lundi, ne jardinez pas avant 6 h 45.

- Tondez la pelouse et compostez les déchets de tonte en les mélangeant à des brindilles, de la paille et d'autres végétaux pauvres en azote.
- Taillez les haies en éclaircissant à l'intérieur.
- Semez les plantes nécessaires à la lutte phytosanitaire : capucines, tanaisies et soucis.

⚠ Mardi, ne jardinez plus après 12 h 25.

- Semez aussi des haricots (mange-tout, à filets, verts ou beurre, à écosser, nains, grimpants,...). Renouvelez les semis de haricots jusqu'au mois de juillet, à raison d'une fois par mois, toujours en période de lune montante et en jour fruit. N'enterrez pas trop les graines.
- Pour les haricots nains, espacez les rangs de 40 à 50 cm et déposez un grain tous les 4 à 5 cm.
- Pour les haricots grimpants, installez des rames de noisetier ou de bambou et semez 5 à 6 graines au pied de chaque rame.
- À l'extrémité des rangs de haricots, semez des capucines qui attireront les pucerons.

- Déplantez les bulbes défleuris et faites-les sécher à l'ombre.
- Semez des endives ('Opale', 'Magnum', 'Zoom') en terre pas trop riche et en lignes distantes d'environ 30 cm. Couvrez les graines avec 1 cm de terre fine, tassez et arrosez en pluie fine.
- Semez en ligne en pleine terre des poireaux pour l'hiver. Ils seront à repiquer en place, profondément, lorsqu'ils auront atteint la taille d'un crayon.
- Semez des betteraves pour la conservation hivernale ainsi que du rutabaga.

- Semez en place les fleurs annuelles en recouvrant légèrement les graines. Arrosez en pluie fine. Il est encore temps de semer des fleurs annuelles à croissance rapide, directement en place.

Ne pas oublier : éloignez vos plantes d'intérieur des fenêtres exposées plein sud.

Date	Notes :	Météo :
Lundi 16 mai St Honoré		Pluie : ...... mm Cumul : ...... mm °C mini : .... °C maxi : .... Pression : .... hPa Temps : ....
Mardi 17 mai St Pascal		Pluie : ...... mm Cumul : ...... mm °C mini : .... °C maxi : .... Pression : .... hPa Temps : ....
Mercredi 18 mai St Eric		Pluie : ...... mm Cumul : ...... mm °C mini : .... °C maxi : .... Pression : .... hPa Temps : ....
Jeudi 19 mai St Yves		Pluie : ...... mm Cumul : ...... mm °C mini : .... °C maxi : .... Pression : .... hPa Temps : ....
Vendredi 20 mai St Bernardin		Pluie : ...... mm Cumul : ...... mm °C mini : .... °C maxi : .... Pression : .... hPa Temps : ....
Samedi 21 mai St Constantin		Pluie : ...... mm Cumul : ...... mm °C mini : .... °C maxi : .... Pression : .... hPa Temps : ....
Dimanche 22 mai St Emile		Pluie : ...... mm Cumul : ...... mm °C mini : .... °C maxi : .... Pression : .... hPa Temps : ....

« S'il tonne au jour de Saint-Pascal, sans grêle, ce n'est pas un mal. »

♈ Bélier ♉ Taureau ♊ Gémeaux ♋ Cancer ♌ Lion ♍ Vierge ♎ Balance ♏ Scorpion ♐ Sagittaire ♑ Capricorne ♒ Verseau ♓ Poissons

Date	Lune	Lever coucher	Jour	Zodiaque	Travaux au jardin
Lundi 23 mai	Lune montante	3 h 33 13 h 48		♒	Semez en place les fleurs annuelles en recouvrant légèrement les graines. Arrosez en pluie fine. Parmi les annuelles les plus connues et les plus appréciées, on retrouve pêle-mêle : delphiniums, soucis, pavots de Californie, pois de senteur, pensées, primevères, giroflées, géraniums, violettes, capucines, chrysanthèmes, bégonias, cosmos, soleils, lobélias, zinnias…
Mardi 24 mai	Lune montante	3 h 52 15 h 04		18 h 57 ♓	Tondez la pelouse quand l'herbe est sèche et 30 % plus haute que la taille conseillée. Les graminées de climat froid doivent être maintenues à 6 ou 7 cm, celles de climat chaud à 2 ou 3 cm en été. Dans le carré des aromatiques, semez de la coriandre. En mi-ombre, semez du persil et du cerfeuil. Maintenez le sol frais. Installez les aromatiques en les associant aux légumes : elles repousseront certains parasites. Renouvelez les semis de salades : laitue pommée, batavia, laitue à couper, roquette et pourpier. Faites attention au choix des variétés et semez des laitues pommées qui résistent à la montée en graine : 'Kinemontepas', 'Merveille des Saisons', 'Reine des glaces' et 'Sucrine'.
Mercredi 25 mai	Lune montante	4 h 08 16 h 16			
Jeudi 26 mai	Lune montante	4 h 24 17 h 28			
Vendredi 27 mai	Lune montante	4 h 40 18 h 38		13 h 09 ♈	Semez des coloquintes. Leurs fruits seront très décoratifs dans la maison en fin d'année. En attendant la récolte, utilisez les plants comme couvre-sol ou faites-les grimper sur un support. À l'extrémité des rangs de haricots, semez des capucines qui attireront les pucerons.
Samedi 28 mai	Lune montante	4 h 57 19 h 49			
Dimanche 29 mai	NA à 4 h 33 Lune montante	5 h 17 20 h 58		6 h 55 ♉	**⚠ Dimanche, ne jardinez pas avant 9 h 35.** Semez des carottes pour vos récoltes d'hiver. Prévoyez 30 cm entre deux rangs. Creusez de larges sillons, couvrez, tassez et arrosez en pluie fine.

Ne pas oublier : en fonction des besoins, apportez un engrais biologique spécial gazon à votre pelouse.

Date	Notes :	Météo :
Lundi 23 mai St Didier		Pluie : ...... mm Cumul : ...... mm °C mini : .... °C maxi : .... Pression : .... hPa Temps : ....
Mardi 24 mai St Donatien		Pluie : ...... mm Cumul : ...... mm °C mini : .... °C maxi : .... Pression : .... hPa Temps : ....
Mercredi 25 mai Ste Sophie		Pluie : ...... mm Cumul : ...... mm °C mini : .... °C maxi : .... Pression : .... hPa Temps : ....
Jeudi 26 mai Ascension		Pluie : ...... mm Cumul : ...... mm °C mini : .... °C maxi : .... Pression : .... hPa Temps : ....
Vendredi 27 mai St Augustin		Pluie : ...... mm Cumul : ...... mm °C mini : .... °C maxi : .... Pression : .... hPa Temps : ....
Samedi 28 mai St Germain		Pluie : ...... mm Cumul : ...... mm °C mini : .... °C maxi : .... Pression : .... hPa Temps : ....
Dimanche 29 mai Fête des Mères		Pluie : ...... mm Cumul : ...... mm °C mini : .... °C maxi : .... Pression : .... hPa Temps : ....

« À la Saint-Didier, soleil orgueilleux nous annonce un été joyeux. »

♈ Bélier ♉ Taureau ♊ Gémeaux ♋ Cancer ♌ Lion ♍ Vierge ♎ Balance ♏ Scorpion ♐ Sagittaire ♑ Capricorne ♒ Verseau ♓ Poissons

Date	Lune	Lever / coucher	Jour	Zodiaque
Lundi 30 mai Fin lune rousse	à 13 h 30 lune montante	5 h 42 22 h 06		♉
Mardi 31 mai	lune montante	6 h 12 23 h 11		♉
Mercredi 1er juin	lune montante 0 h 29	6 h 51 –		8 h 47 ♊
Jeudi 2 juin	A à 3 h 13 lune descendante	7 h 40 0 h 05		♊
Vendredi 3 juin	lune descendante	8 h 38 0 h 51		15 h 20 ♋
Samedi 4 juin	lune descendante	9 h 43 1 h 28		♋
Dimanche 5 juin	lune descendante	10 h 51 1 h 57		6 h 08 ♌

Travaux au jardin

- Semez des radis 'Noir gros long d'hiver', 'Violet de Gournay', 'Rose de Chine'. Alternez les rangs tous les 25 à 30 cm avec des carottes. Vos radis seront plus doux. Vous éclaircirez les jeunes plants tous les 10 à 15 cm. Ne plantez jamais les radis à proximité des choux, car ces deux légumes ont besoin des mêmes nutriments pour se développer. Ils se livreraient une concurrence néfaste. Si votre potager est petit, vous pouvez (pour gagner de la place) planter les radis dans des rangées de laitues ou de carottes. Enfin, pour que vos radis ne piquent pas, ramassez-les assez jeunes et arrosez-les généreusement.

- Installez les bégonias, les impatiens, les pélargoniums, les œillets et toutes les annuelles dans des pots ou dans les massifs.

⚠ Jeudi, ne jardinez pas avant 8 h 15.

- Bouturez les potentilles, les deutzias et les seringats. Piquez les boutures dans des pots remplis d'un mélange léger et conservez-les sous châssis.
- Arrachez les tulipes en laissant le feuillage jaunir. Vous pourrez ensuite les stocker ou les replanter ailleurs.

- Plantez les aromatiques (ciboulette, menthe, basilic, sarriette, sauge, thym…) en pots, en jardinières ou au potager. Vous les associerez aux tomates, aux carottes, aux navets, aux choux et aux radis pour profiter de leur action répulsive sur les parasites.

- Cueillez les groseilles pour les manger ou pour en faire du vin.

Ne pas oublier : éloignez vos plantes d'intérieur des fenêtres exposées plein sud.

Date	Notes :	Météo :
Lundi 30 mai St Ferdinand		Pluie : ...... mm Cumul : ...... mm °C mini : .... °C maxi : .... Pression : .... hPa Temps : ....
Mardi 31 mai Visitation		Pluie : ...... mm Cumul : ...... mm °C mini : .... °C maxi : .... Pression : .... hPa Temps : ....
Mercredi 1er juin St Justin		Pluie : ...... mm Cumul : ...... mm °C mini : .... °C maxi : .... Pression : .... hPa Temps : ....
Jeudi 2 juin Ste Blandine		Pluie : ...... mm Cumul : ...... mm °C mini : .... °C maxi : .... Pression : .... hPa Temps : ....
Vendredi 3 juin St Kévin		Pluie : ...... mm Cumul : ...... mm °C mini : .... °C maxi : .... Pression : .... hPa Temps : ....
Samedi 4 juin Ste Clotilde		Pluie : ...... mm Cumul : ...... mm °C mini : .... °C maxi : .... Pression : .... hPa Temps : ....
Dimanche 5 juin Pentecôte		Pluie : ...... mm Cumul : ...... mm °C mini : .... °C maxi : .... Pression : .... hPa Temps : ....

« Soleil de juin luit de grand matin. »

♈ Bélier ♉ Taureau ♊ Gémeaux ♋ Cancer ♌ Lion ♍ Vierge ♎ Balance ♏ Scorpion ♐ Sagittaire ♑ Capricorne ♒ Verseau ♓ Poissons

Date	Lune	Lever coucher	Zodiaque
Lundi 6 juin	▲ Lune descendante	12 h 01 / 2 h 20	♌
Mardi 7 juin	▲ ◐ à 16 h 48	13 h 12 / 2 h 39	
Mercredi 8 juin	▲	14 h 24 / 2 h 56	2 h 53 ♍
Jeudi 9 juin	▲	15 h 38 / 3 h 12	
Vendredi 10 juin	▲	16 h 55 / 3 h 29	
Samedi 11 juin	▲	18 h 17 / 3 h 47	11 h 41 ♎
Dimanche 12 juin	▲ ND à 12 h 01	19 h 44 / 4 h 09	23 h 42

Travaux au jardin

» Après la chute naturelle des fruits, éclaircissez les pommes et les poires, en conservant le fruit du centre pour les pommiers et un fruit périphérique pour les poiriers. Cette opération permet d'éliminer les fruits en surnombre, de faire grossir les fruits maintenus en place, de les rendre plus goûteux et naturellement plus sucrés, de soulager les branches qui risqueraient autrement de se briser sous le poids excessif des fruits et de diminuer les risques de maladies. Pour éclaircir, il faut légèrement secouer l'arbre pour faire tomber les fruits mal accrochés et/ou malades.

» Éclaircissez les carottes jusqu'à 10 cm. Ne laissez pas les plants arrachés sur place, car ils risquent d'attirer la mouche de la carotte.

» Dans le Midi, plantez les patates douces qui ont été précédemment mises à germer en pots.

» Récoltez les premières pommes de terre précoces ('Belle de Fontenay'). Elles se conservent malheureusement très mal : il est donc conseillé de les arracher au fur et à mesure des besoins.

» Plantez les poireaux. Pour bien réussir ce repiquage, arrachez les poireaux et laissez-les sécher pendant 48 heures à même le sol afin d'éliminer les larves de la teigne. Raccourcissez les feuilles et les racines avant la plantation. Alternez les rangs avec des carottes. Vous bénéficierez de l'association qui permet de lutter simultanément contre la teigne du poireau et la mouche de la carotte.

» Tentez des boutures des arbustes défleuris (seringats, deutzias, forsythias…). Coupez un morceau de tige ou de rameau sain en biseau. Retirez la majorité des feuilles. Trempez la base de la tige dans un sachet d'hormones de bouturage. Creusez dans la terre un trou plus large que la tige et mettez-la en place, assez profondément.

⚠ **Dimanche, ne jardinez pas entre 8 h 05 et 16 h 05.**

Ne pas oublier : si les aiguilles de vos conifères jaunissent, arrosez chaque jour leur feuillage avec un jet très fin.

Date	Notes :	Météo :
Lundi 6 juin Lundi de Pentecôte		Pluie : ...... mm Cumul : ...... mm °C mini : ...... °C maxi : ...... Pression : ...... hPa Temps : ......
Mardi 7 juin St Gilbert		Pluie : ...... mm Cumul : ...... mm °C mini : ...... °C maxi : ...... Pression : ...... hPa Temps : ......
Mercredi 8 juin St Médard		Pluie : ...... mm Cumul : ...... mm °C mini : ...... °C maxi : ...... Pression : ...... hPa Temps : ......
Jeudi 9 juin Ste Diane		Pluie : ...... mm Cumul : ...... mm °C mini : ...... °C maxi : ...... Pression : ...... hPa Temps : ......
Vendredi 10 juin St Landry		Pluie : ...... mm Cumul : ...... mm °C mini : ...... °C maxi : ...... Pression : ...... hPa Temps : ......
Samedi 11 juin St Barnabé		Pluie : ...... mm Cumul : ...... mm °C mini : ...... °C maxi : ...... Pression : ...... hPa Temps : ......
Dimanche 12 juin St Guy		Pluie : ...... mm Cumul : ...... mm °C mini : ...... °C maxi : ...... Pression : ...... hPa Temps : ......

« S'il pleut à la Saint-Médard, il pleut quarante jours plus tard. À moins que Saint-Barnabé ne vienne l'arrêter. »

♈ Bélier ♉ Taureau ♊ Gémeaux ♋ Cancer ♌ Lion ♍ Vierge ♎ Balance ♏ Scorpion ♐ Sagittaire ♑ Capricorne ♒ Verseau ♓ Poissons

Date	Lune	Lever / coucher	Zodiaque
Lundi 13 juin	lune descendante	21 h 11 / 4 h 38	♏
Mardi 14 juin	Pleine lune à 13 h 51 ; lune descendante	22 h 33 / 5 h 17	18 h 59 ♐
Mercredi 15 juin	P à 1 h 23 ; lune descendante jusqu'à 13 h 02, puis lune montante	23 h 42 / 6 h 11	
Jeudi 16 juin	lune montante	– / 7 h 22	22 h 07 ♑
Vendredi 17 juin	lune montante	0 h 33 / 8 h 44	
Samedi 18 juin	lune montante	1 h 10 / 10 h 09	18 h 10 ♒
Dimanche 19 juin	lune montante	1 h 37 / 11 h 33	

Travaux au jardin

♏ (jusqu'au mardi 18 h 59)

- Taillez le lierre afin qu'il n'envahisse pas les gouttières. Contrairement à ce que l'on pense, le lierre ne porte pas préjudice aux murs qu'il recouvre. À condition qu'ils soient suffisamment étanches pour interdire la pénétration des crampons végétaux. Au contraire : le feuillage dense et persistant du lierre peut jouer un rôle d'isolant, protégeant les murs des vents froids et de la pluie.

♐ (du mardi 18 h 59 au jeudi 22 h 07)

- En lune descendante, plantez des courgettes pour une récolte prévue vers la fin de l'été. Par temps chaud, arrosez modérément pour éviter le développement de l'oïdium.

⚠ **Mercredi, ne jardinez pas avant 6 h 30.**

- Pincez les melons, les potirons et les courges.
- Pour hâter leur fructification, taillez les melons, les courgettes et les concombres. Paillez-les et arrosez-les avec du purin d'ortie dilué.
- En lune montante, semez les haricots à rame 'Soisson gros blanc', 'Phénomène', les haricots nains 'Contender', 'Liverte', 'Rocbrun' ainsi que le mange-tout 'Argus'.

♑ (du jeudi 22 h 07 au samedi 18 h 10)

- Plantez les glaïeuls, les cannas et les dahlias. Divisez les souches des gentianes, des anémones et des asters.
- Semez des carottes pour vos récoltes d'hiver ('Purple Hase', 'Flyaway', 'de Colmar'). Prévoyez 30 cm entre deux rangs, creusez de larges sillons, couvrez, tassez et arrosez en pluie fine.
- Alternez les rangs de carottes avec des semis de radis ('Violet d'Hiver', 'de Gournay', 'Rose de Chine'). Grâce aux carottes, vos radis seront plus doux.

♒ (à partir du samedi 18 h 10)

- Pensez à récolter les fleurs de vos tilleuls avant qu'elles ne soient complètement ouvertes. Faites-les sécher à l'ombre sans les entasser. Les fleurs de tilleul ont des vertus thérapeutiques prouvées : elles aident à traiter les insomnies, les troubles digestifs et les spasmes.

Ne pas oublier : pensez à entretenir votre mobilier de jardin.

Date	Notes :	Météo :
Lundi 13 juin St Ant. de Padoue		Pluie : ...... mm Cumul : ...... mm °C mini : .... °C maxi : .... Pression : .... hPa Temps : ....
Mardi 14 juin St Elisée		Pluie : ...... mm Cumul : ...... mm °C mini : .... °C maxi : .... Pression : .... hPa Temps : ....
Mercredi 15 juin Ste Germaine		Pluie : ...... mm Cumul : ...... mm °C mini : .... °C maxi : .... Pression : .... hPa Temps : ....
Jeudi 16 juin St J.-F. Régis		Pluie : ...... mm Cumul : ...... mm °C mini : .... °C maxi : .... Pression : .... hPa Temps : ....
Vendredi 17 juin St Hervé		Pluie : ...... mm Cumul : ...... mm °C mini : .... °C maxi : .... Pression : .... hPa Temps : ....
Samedi 18 juin St Léonce		Pluie : ...... mm Cumul : ...... mm °C mini : .... °C maxi : .... Pression : .... hPa Temps : ....
Dimanche 19 juin Fête des Pères		Pluie : ...... mm Cumul : ...... mm °C mini : .... °C maxi : .... Pression : .... hPa Temps : ....

« Juin bien fleuri, vrai paradis. »

♈ Bélier ♉ Taureau ♊ Gémeaux ♋ Cancer ♌ Lion ♍ Vierge ♎ Balance ♏ Scorpion ♐ Sagittaire ♑ Capricorne ♒ Verseau ♓ Poissons

Date	Lune	Lever / coucher	Jour	Zodiaque	Travaux au jardin
Lundi 20 juin	Lune montante	1 h 58 / 12 h 51		♒	Si le temps est sec, vous pouvez maintenant récolter des plantes médicinales. Faites sécher les fleurs pour la confection des tisanes.
Mardi 21 juin Solstice d'été	Premier quartier à 5 h 10	2 h 15 / 14 h 06		1 h 04 ♓	Par temps sec et avant la floraison, coupez l'ortie et la consoude. Faites-les sécher. Elles serviront à l'élaboration de différents traitements biologiques pour le jardin. Notamment sous forme de purin. À noter que ce sont aussi des plantes médicinales. Récoltez les aromatiques (l'estragon, la sarriette, la sauge, la marjolaine, le thym, le romarin, l'origan,...) avant leur floraison. Procédez par beau temps, en milieu de journée et en tout cas après l'évaporation de la rosée. Vous ferez ensuite sécher vos aromatiques dans l'obscurité, dans un endroit chaud, sec et correctement aéré.
Mercredi 22 juin		2 h 31 / 15 h 19			
Jeudi 23 juin		2 h 47 / 16 h 29		18 h 25 ♈	Taillez les poiriers et les pommiers. Vous pouvez encore semer des coloquintes. Leurs fruits seront très décoratifs dans la maison en fin d'année. En attendant la récolte, utilisez les plants comme couvre-sol ou faites-les grimper sur un support.
Vendredi 24 juin		3 h 04 / 17 h 40			
Samedi 25 juin	NA à 9 h 09	3 h 23 / 18 h 49		12 h 44 ♉	⚠ **Samedi, ne jardinez pas avant 14 h 15.** Pensez à tondre vos pelouses. Une bonne tonte régulière est l'un des facteurs qui permettent de conserver une pelouse en parfait état. Pour optimiser le résultat de votre travail, effectuez les tontes quand l'herbe est sèche. Tondez aussi de préférence lorsque l'herbe est 30 % plus haute que la taille conseillée.
Dimanche 26 juin		3 h 46 / 19 h 57			

Ne pas oublier : surveillez partout l'arrivée et les attaques de pucerons.

Date	Notes :	Météo :
Lundi 20 juin St Sylvère		Pluie : ...... mm Cumul : ...... mm °C mini : .... °C maxi : .... Pression : .... hPa Temps : ....
Mardi 21 juin Été		Pluie : ...... mm Cumul : ...... mm °C mini : .... °C maxi : .... Pression : .... hPa Temps : ....
Mercredi 22 juin St Alban		Pluie : ...... mm Cumul : ...... mm °C mini : .... °C maxi : .... Pression : .... hPa Temps : ....
Jeudi 23 juin Ste Audrey		Pluie : ...... mm Cumul : ...... mm °C mini : .... °C maxi : .... Pression : .... hPa Temps : ....
Vendredi 24 juin St Jean-Baptiste		Pluie : ...... mm Cumul : ...... mm °C mini : .... °C maxi : .... Pression : .... hPa Temps : ....
Samedi 25 juin St Prosper		Pluie : ...... mm Cumul : ...... mm °C mini : .... °C maxi : .... Pression : .... hPa Temps : ....
Dimanche 26 juin St Anthelme		Pluie : ...... mm Cumul : ...... mm °C mini : .... °C maxi : .... Pression : .... hPa Temps : ....

« Juin froid et pluvieux, tout l'an sera grincheux. »

♈ Bélier ♉ Taureau ♊ Gémeaux ♋ Cancer ♌ Lion ♍ Vierge ♎ Balance ♏ Scorpion ♐ Sagittaire ♑ Capricorne ♒ Verseau ♓ Poissons

Date	Lune	Lever / coucher	Jour	Zodiaque	Travaux au jardin
Lundi 27 juin	lune montante	4 h 14 / 21 h 02		♉	Pensez à tondre vos pelouses. Tondez dans des directions différentes à chaque tonte : une fois dans la longueur de la pelouse, une fois dans sa largeur. Cela évite la compaction du sol et aide l'herbe à pousser droit.
Mardi 28 juin	lune montante	4 h 50 / 22 h 00		14 h 52 ♊	Marcottez la glycine et la bignone. Le marcottage est une technique qui, comme le bouturage, permet de multiplier les plantes en provoquant l'apparition de racines sur des tiges normales encore attachées à un végétal que vous désirez reproduire.
Mercredi 29 juin	6h04 ; à 4 h 52 ; A à 8 h 08 ; lune descendante	5 h 36 / 22 h 49			**Mercredi, ne jardinez pas avant 12 h 15.** Taillez aussi les rosiers non remontants défleuris en éliminant les vieux rameaux ainsi que ceux qui sont en surnombre au centre de la touffe. Supprimez les roses fanées des rosiers qui sont encore en fleurs.
Jeudi 30 juin	lune descendante	6 h 31 / 23 h 29		21 h 24 ♋	Nettoyez les endroits envahis par les chardons en les coupant au plus près du sol. La multiplication des interventions affaiblit progressivement la plante. Un fauchage effectué sous la pluie, qui permet à l'eau de pénétrer dans le trou de la tige, est généralement fatal au chardon. N'oubliez pas que le chardon est un redoutable envahisseur, présent surtout en sols fertiles.
Vendredi 1er juillet	lune descendante	7 h 34 / 23 h 59			
Samedi 2 juillet	lune descendante	8 h 41 / –		12 h 14 ♌	Taillez légèrement vos cerisiers après leur production. En cette saison, ils produiront alors moins de gomme. Taillez en vert les pommiers et les poiriers palissés. Taillez aussi la vigne. Effeuillez éventuellement celle-ci pour une meilleure insolation des grappes. Supprimez les pousses des mûriers et des framboisiers qui ont fructifié.
Dimanche 3 juillet	lune descendante	9 h 51 / 0 h 24			

Ne pas oublier : pour préserver des espèces rares et par souci d'économies, commencez à recueillir, tout au long de l'été, les graines des fleurs.

Date	Notes :	Météo :
Lundi 27 juin St Fernand		Pluie : ...... mm Cumul : ...... mm °C mini : .... °C maxi : .... Pression : .... hPa Temps : ....
Mardi 28 juin Ste Irénée		Pluie : ...... mm Cumul : ...... mm °C mini : .... °C maxi : .... Pression : .... hPa Temps : ....
Mercredi 29 juin Sts Pierre, Paul		Pluie : ...... mm Cumul : ...... mm °C mini : .... °C maxi : .... Pression : .... hPa Temps : ....
Jeudi 30 juin St Martial		Pluie : ...... mm Cumul : ...... mm °C mini : .... °C maxi : .... Pression : .... hPa Temps : ....
Vendredi 1er juillet St Thierry		Pluie : ...... mm Cumul : ...... mm °C mini : .... °C maxi : .... Pression : .... hPa Temps : ....
Samedi 2 juillet St Martinien		Pluie : ...... mm Cumul : ...... mm °C mini : .... °C maxi : .... Pression : .... hPa Temps : ....
Dimanche 3 juillet St Thomas		Pluie : ...... mm Cumul : ...... mm °C mini : .... °C maxi : .... Pression : .... hPa Temps : ....

« C'est le mois de juin qui fait le pain. »

♈ Bélier ♉ Taureau ♊ Gémeaux ♋ Cancer ♌ Lion ♍ Vierge ♎ Balance ♏ Scorpion ♐ Sagittaire ♑ Capricorne ♒ Verseau ♓ Poissons

Date	Lune	Lever coucher	Jour	Zodiaque	Travaux au jardin
Lundi 4 juillet	Lune descendante	11 h 01 0 h 44		♌	Taillez les gourmands des tomates qui retardent les fructifications en cours. Ne les jetez pas : les plus vigoureux peuvent être repiqués en pleine terre pour donner des fruits. Placez les autres sur les têtes de vos choux : ce sont d'excellents répulsifs naturels contre les chenilles.
Mardi 5 juillet		12 h 11 1 h 02		9 h 45 ♍	Commencez la récolte de l'ail, de l'échalote et de l'oignon si leurs fanes sont jaunes. Vous les arracherez et les laisserez ressuyer au sol avant de les stocker dans un endroit sec. Si le sol est frais, vous pouvez les déchausser en enlevant la terre qui se trouve autour des bulbes afin de hâter leur flétrissement. Vous les stockerez alors en cagettes, sans les entasser, dans un endroit balayé par un courant d'air. En bottes ou non, une bonne aération est la clé de la conservation de ces légumes. Récoltez aussi les pommes de terre précoces au fur et à mesure de vos besoins, car elles se conservent mal. Éclaircissez et repiquez les endives en supprimant une partie du feuillage. Éclaircissez les carottes, les navets, les rutabagas, les radis d'hiver…
Mercredi 6 juillet		13 h 22 1 h 18			
Jeudi 7 juillet	◐ à 4 h 14	14 h 35 1 h 33			
Vendredi 8 juillet		15 h 53 1 h 50		20 h 46 ♎	Taillez les tiges de la glycine. La glycine doit absolument être taillée chaque année afin d'assurer une bonne floraison et de conserver une esthétique et des formes harmonieuses. Cette jolie plante ne réclame pas de soin particulier, même si elle marque une préférence pour une terre profonde, un peu fraîche, et qu'elle réclame un emplacement bénéficiant d'un ensoleillement optimal.
Samedi 9 juillet	ND à 19 h 27	17 h 15 2 h 09			
Dimanche 10 juillet		18 h 40 2 h 34		9 h 46 ♏	Nettoyez tous les endroits qui sont envahis par les ronces, les chardons et les pruneliers en coupant au plus près du sol.

Ne pas oublier : arrosez désormais le soir plutôt que le matin.

Date	Notes :	Météo :
Lundi 4 juillet St Florent		Pluie : ...... mm Cumul : ...... mm °C mini : .... °C maxi : .... Pression : .... hPa Temps : ....
Mardi 5 juillet St Antoine		Pluie : ...... mm Cumul : ...... mm °C mini : .... °C maxi : .... Pression : .... hPa Temps : ....
Mercredi 6 juillet Ste Mariette		Pluie : ...... mm Cumul : ...... mm °C mini : .... °C maxi : .... Pression : .... hPa Temps : ....
Jeudi 7 juillet St Raoul		Pluie : ...... mm Cumul : ...... mm °C mini : .... °C maxi : .... Pression : .... hPa Temps : ....
Vendredi 8 juillet St Thibault		Pluie : ...... mm Cumul : ...... mm °C mini : .... °C maxi : .... Pression : .... hPa Temps : ....
Samedi 9 juillet Ste Amandine		Pluie : ...... mm Cumul : ...... mm °C mini : .... °C maxi : .... Pression : .... hPa Temps : ....
Dimanche 10 juillet St Ulrich		Pluie : ...... mm Cumul : ...... mm °C mini : .... °C maxi : .... Pression : .... hPa Temps : ....

« En juillet, sombre matinée n'empêche pas belle journée. »

♈ Bélier ♉ Taureau ♊ Gémeaux ♋ Cancer ♌ Lion ♍ Vierge ♎ Balance ♏ Scorpion ♐ Sagittaire ♑ Capricorne ♒ Verseau ♓ Poissons

Date	Lune	Lever coucher	Jour	Zodiaque	Travaux au jardin
Lundi 11 juillet	lune descendante	20 h 04 / 3 h 07		♏	Nettoyez tous les endroits envahis par les chardons en coupant au plus près du sol. Pour se débarrasser de manière écologique des chardons, évitez toute montée en graine par des arrachages ou des fauchages successifs. La multiplication des interventions affaiblit peu à peu la plante.
Mardi 12 juillet	lune descendante	21 h 20 / 3 h 53		5 h 45 ♐	**Mercredi, ne jardinez pas entre 6 h et 16 h 10.** En lune montante, greffez en écusson les pommiers, les poiriers, les pruniers, les abricotiers et les pêchers. Un conseil : l'arbre sur lequel on prélève l'écusson et l'arbre porte-greffe doivent être bien arrosés dans les jours précédant la greffe afin d'être bien en sève. Choisissez le bon porte-greffe selon la nature du sol. Prélevez les greffons et mettez-les en place dans une incision en T réalisée sur un porte-greffe. La croissance du bourgeon n'interviendra qu'au printemps suivant.
Mercredi 13 juillet	P à 11 h 05 ; pleine lune à 20 h 37 ; 23h17 lune montante	22 h 20 / 4 h 55			
Jeudi 14 juillet	lune montante	23 h 04 / 6 h 13		8 h 40 ♑	Pensez à tondre vos pelouses. Une bonne tonte régulière est l'un des facteurs qui permettent de conserver une pelouse en parfait état. Semez des radis d'hiver 'Rose de Chine' ou 'Violet de Gournay'. En terre profonde, et dans les régions bénéficiant d'un climat doux, vous pouvez aussi semer les radis asiatiques qui, en règle générale, ont une saveur plus douce, voire légèrement plus sucrée.
Vendredi 15 juillet	lune montante	23 h 36 / 7 h 40			
Samedi 16 juillet	à 12 h 10	23 h 59 / 9 h 07		3 h 45 ♒	Dans les régions connaissant un climat frais, plantez des fraisiers. Dans les régions bénéficiant d'un climat plus doux, vous pouvez attendre les premières pluies. Une fois vos fraisiers installés, protégez-les de la voracité des oiseaux en les couvrant d'un filet. Pour des fraisiers en bonne santé et de bons rendements, prévoyez une production de 150 à 600 g de fruits par plant.
Dimanche 17 juillet		– / 10 h 31			

Ne pas oublier : entretenez votre mobilier de jardin (table, chaises, chaises longues).

Date	Notes :	Météo :
Lundi 11 juillet St Benoît		Pluie : ...... mm Cumul : ...... mm °C mini : .... °C maxi : .... Pression : .... hPa Temps : ....
Mardi 12 juillet St Olivier		Pluie : ...... mm Cumul : ...... mm °C mini : .... °C maxi : .... Pression : .... hPa Temps : ....
Mercredi 13 juillet Sts Henri, Joël		Pluie : ...... mm Cumul : ...... mm °C mini : .... °C maxi : .... Pression : .... hPa Temps : ....
Jeudi 14 juillet Fête nationale		Pluie : ...... mm Cumul : ...... mm °C mini : .... °C maxi : .... Pression : .... hPa Temps : ....
Vendredi 15 juillet St Donald		Pluie : ...... mm Cumul : ...... mm °C mini : .... °C maxi : .... Pression : .... hPa Temps : ....
Samedi 16 juillet N.-D. du Mt Carmel		Pluie : ...... mm Cumul : ...... mm °C mini : .... °C maxi : .... Pression : .... hPa Temps : ....
Dimanche 17 juillet Ste Charlotte		Pluie : ...... mm Cumul : ...... mm °C mini : .... °C maxi : .... Pression : .... hPa Temps : ....

« Pluie du matin, en juillet est bonne au vin. »

♈ Bélier ♉ Taureau ♊ Gémeaux ♋ Cancer ♌ Lion ♍ Vierge ♎ Balance ♏ Scorpion ♐ Sagittaire ♑ Capricorne ♒ Verseau ♓ Poissons

Date	Lune	Lever coucher	Jour	Zodiaque	Travaux au jardin
Lundi 18 juillet	lune montante	0 h 19 / 11 h 50		♒ 9 h 02 ♓	Semez le lupin vivace directement en place. Semez les premiers engrais verts (trèfle rampant, moutarde ou sarrasin) dans les planches qui ont été débarrassées de leurs cultures. Le principe de l'engrais vert est d'enrichir et d'améliorer le sol en y apportant des plantes poussées sur place. Les végétaux travaillent donc « sur site » : ils puisent dans le sol et l'atmosphère les éléments qui seront utiles aux cultures suivantes. L'engrais vert protège aussi le sol et le travaille en profondeur via les racines. Il absorbe également les nitrates qui, sinon, seraient lavés par les pluies et perdus.
Mardi 19 juillet		0 h 36 / 13 h 05			
Mercredi 20 juillet	PQ à 16 h 18	0 h 52 / 14 h 18		23 h 56 ♈	C'est le bon moment pour greffer en écusson les pommiers, les cerisiers, les poiriers, les abricotiers et les pruniers. Prélevez les greffons sans abîmer les yeux. Conservez un morceau du pétiole. Glissez les greffons dans une incision en T et ligaturez à l'aide de raphia. Vous saurez que votre greffe est réussie si le pétiole tombe au bout d'environ une quinzaine de jours. ⚠ **Vendredi, ne jardinez pas entre 6 h 15 et 16 h 30.**
Jeudi 21 juillet		1 h 09 / 15 h 29			
Vendredi 22 juillet	NA à 11 h 20	1 h 28 / 16 h 40		18 h 49 ♉	Soulagez le stress hydrique des arbres fruitiers en arrosant au pied. Dans les régions bénéficiant d'un climat doux, tentez un semis d'oignons blancs. Ils seront à repiquer au mois d'octobre, pour une consommation prévue au début du printemps prochain. Toujours dans le Midi, vous pouvez encore semer du maïs doux pour une récolte automnale. Semez également des radis d'hiver 'Noir Gros Long d'Hiver', 'Noir Long Poids d'Horloge', 'Rose de Chine', 'Violet de Gournay'. Semez en rangs espacés de 20 à 30 cm. Éclaircissez après la levée en ne laissant qu'un seul plant tous les 10 à 15 cm.
Samedi 23 juillet		1 h 49 / 17 h 49			
Dimanche 24 juillet		2 h 15 / 18 h 55			

Ne pas oublier : sur les balcons et les terrasses, arrosez une fois par jour, de préférence en soirée.

Date	Notes :	Météo :
Lundi 18 juillet St Frédéric		Pluie : ...... mm Cumul : ...... mm °C mini : .... °C maxi : .... Pression : .... hPa Temps : ....
Mardi 19 juillet St Arsène		Pluie : ...... mm Cumul : ...... mm °C mini : .... °C maxi : .... Pression : .... hPa Temps : ....
Mercredi 20 juillet Ste Marina		Pluie : ...... mm Cumul : ...... mm °C mini : .... °C maxi : .... Pression : .... hPa Temps : ....
Jeudi 21 juillet St Victor		Pluie : ...... mm Cumul : ...... mm °C mini : .... °C maxi : .... Pression : .... hPa Temps : ....
Vendredi 22 juillet Ste M.-Madeleine		Pluie : ...... mm Cumul : ...... mm °C mini : .... °C maxi : .... Pression : .... hPa Temps : ....
Samedi 23 juillet Ste Brigitte		Pluie : ...... mm Cumul : ...... mm °C mini : .... °C maxi : .... Pression : .... hPa Temps : ....
Dimanche 24 juillet Ste Christine		Pluie : ...... mm Cumul : ...... mm °C mini : .... °C maxi : .... Pression : .... hPa Temps : ....

« L'été recueille, l'hiver mange. »

♈ Bélier ♉ Taureau ♊ Gémeaux ♋ Cancer ♌ Lion ♍ Vierge ♎ Balance ♏ Scorpion ♐ Sagittaire ♑ Capricorne ♒ Verseau ♓ Poissons

Date	Lune	Lever coucher	Jour	Zodiaque	Travaux au jardin
Lundi 25 juillet	▼ lune montante	2 h 49 19 h 55	racine	♉ 20 h 53	Soulagez le stress hydrique des arbres fruitiers en arrosant au pied.
Mardi 26 juillet	▼ A à 12 h 21 11h17	3 h 32 20 h 47	fleur	♊	⚠ **Mardi, ne jardinez pas entre 7 h 15 et 17 h 30.** En lune montante, semez les fleurs bisannuelles (pensées, œillets, pavots, pâquerettes, ravenelles,...) et le lupin vivace. En lune descendante, bouturez le laurier-rose. Attention : contrairement au laurier-sauce, il s'agit d'une plante toxique. Nettoyez vos vivaces en coupant les tiges des fleurs fanées. Arrosez et renouvelez le paillage de vos massifs de plantes à fleurs. Plantez les bulbes d'automne.
Mercredi 27 juillet	▼ lune descendante	4 h 24 21 h 30			
Jeudi 28 juillet	▼ ● à 19 h 54	5 h 26 22 h 03	feuille	3 h 22 ♋	Continuez à blanchir les chicorées frisées et les scaroles au fur et à mesure des besoins. Ceci atténuera leur amertume naturelle. Couvrez-les au moyen d'une cloche opaque (ou d'un pot de fleurs retourné) et récoltez une dizaine de jours plus tard. Ne les couvrez pas trop longtemps, car cela les ferait pourrir.
Vendredi 29 juillet	▲	6 h 32 22 h 29	fruit	18 h 05 ♌	Dans la fraiseraie, préparez et enrichissez le sol avant de planter de nouveaux fraisiers le mois prochain. Vous serez ainsi assuré d'obtenir une pleine production dès la première année d'exploitation. N'oubliez pas que les fraisiers ne restent que 3 ou 4 ans en place au même endroit. Dans le verger, taillez en vert les arbres fruitiers palissés. Taillez les pommiers conduits en cordon ou en U, ainsi que les poiriers palissés vigoureux. La taille en vert s'effectue lorsque les arbres fruitiers portent leurs feuilles et souvent des fruits. Elle est d'une grande utilité et facile à utiliser.
Samedi 30 juillet	▲	7 h 42 22 h 50			
Dimanche 31 juillet	▲	8 h 52 23 h 08			

Ne pas oublier : luttez contre les limaces en entourant les plants de cendres de bois.

Date	Notes :	Météo :
Lundi 25 juillet St Jacques		Pluie : ...... mm Cumul : ...... mm °C mini : .... °C maxi : .... Pression : .... hPa Temps : ....
Mardi 26 juillet Ste Anne, Joachim		Pluie : ...... mm Cumul : ...... mm °C mini : .... °C maxi : .... Pression : .... hPa Temps : ....
Mercredi 27 juillet Ste Nathalie		Pluie : ...... mm Cumul : ...... mm °C mini : .... °C maxi : .... Pression : .... hPa Temps : ....
Jeudi 28 juillet St Samson		Pluie : ...... mm Cumul : ...... mm °C mini : .... °C maxi : .... Pression : .... hPa Temps : ....
Vendredi 29 juillet Ste Marthe		Pluie : ...... mm Cumul : ...... mm °C mini : .... °C maxi : .... Pression : .... hPa Temps : ....
Samedi 30 juillet Ste Juliette		Pluie : ...... mm Cumul : ...... mm °C mini : .... °C maxi : .... Pression : .... hPa Temps : ....
Dimanche 31 juillet St I. de Loyola		Pluie : ...... mm Cumul : ...... mm °C mini : .... °C maxi : .... Pression : .... hPa Temps : ....

« À la Sainte-Juliette, l'été est en fête. »

♈ Bélier ♉ Taureau ♊ Gémeaux ♋ Cancer ♌ Lion ♍ Vierge ♎ Balance ♏ Scorpion ♐ Sagittaire ♑ Capricorne ♒ Verseau ♓ Poissons

Date	Lune	Lever / coucher	Jour	Zodiaque	Travaux au jardin
Lundi 1er août	lune descendante	10 h 02 / 23 h 24	 	♌ / 15 h 32 ♍	Au verger, taillez en vert les arbres fruitiers palissés. — Si les plants de pommes de terre commencent à fleurir, commencez leur arrachage. Faites-les ressuyer pendant quelques heures en plein soleil. Ensuite, séchez-les dans des cagettes placées à l'ombre afin d'éviter tout verdissement. Vous pourrez commencer leur stockage après une quinzaine de jours environ. Il faut éviter de stocker les pommes de terre à même le sol.
Mardi 2 août	lune descendante	11 h 13 / 23 h 40			Récoltez l'ail, l'échalote et l'oignon lorsque les fanes sont jaunes. Arrachez ces légumes racines, laissez-les ressuyer pendant une journée au soleil avant de les rentrer dans un local sec et aéré. Pour que l'ail reste blanc, protégez les têtes avec les fanes d'autres pieds.
Mercredi 3 août	lune descendante	12 h 24 / 23 h 55			Dans les régions bénéficiant d'un climat doux, vous pouvez tenter un semis d'oignons blancs. Ils seront à repiquer en octobre pour une consommation au début du printemps prochain.
Jeudi 4 août	lune descendante	13 h 39 / –			
Vendredi 5 août	lune descendante; ◐ à 13 h 06; ND à 22 h 30	14 h 57 / 0 h 13		3 h 48 ♎	**Vendredi, ne jardinez plus après 17 h 30.** Plantez ou divisez les touffes des iris. La division des iris est recommandée tous les trois ou quatre ans quand ils fleurissent de manière moins généreuse. — Taillez les rosiers grimpants non remontants. — Bouturez le lilas et les pélargoniums : plantez en godets sous abri et arrosez régulièrement.
Samedi 6 août	lune descendante	16 h 18 / 0 h 34		17 h 54 ♏	Préparez le sol d'une nouvelle pelouse à semer le mois prochain. Il faut d'abord préparer le terrain en ameublissant et en nettoyant le sol : vous devez obtenir une terre fine et granuleuse en surface, qui accueillera les semences de gazon. Ces semences doivent être réparties régulièrement. Terminez par un léger griffage, un passage de rouleau, puis un arrosage généreux.
Dimanche 7 août	lune descendante	17 h 41 / 1 h 03			

Ne pas oublier : pendant les périodes les plus chaudes, vaporisez chaque jour un peu d'eau tiède sur les plantes d'intérieur.

Date	Notes :	Météo :
Lundi 1er août St Alphonse		Pluie : ...... mm Cumul : ...... mm °C mini : .... °C maxi : .... Pression : .... hPa Temps : ....
Mardi 2 août St Julien-Eymard		Pluie : ...... mm Cumul : ...... mm °C mini : .... °C maxi : .... Pression : .... hPa Temps : ....
Mercredi 3 août Ste Lydie		Pluie : ...... mm Cumul : ...... mm °C mini : .... °C maxi : .... Pression : .... hPa Temps : ....
Jeudi 4 août St J.-M. Vianney		Pluie : ...... mm Cumul : ...... mm °C mini : .... °C maxi : .... Pression : .... hPa Temps : ....
Vendredi 5 août St Abel		Pluie : ...... mm Cumul : ...... mm °C mini : .... °C maxi : .... Pression : .... hPa Temps : ....
Samedi 6 août Transfiguration		Pluie : ...... mm Cumul : ...... mm °C mini : .... °C maxi : .... Pression : .... hPa Temps : ....
Dimanche 7 août St Gaétan		Pluie : ...... mm Cumul : ...... mm °C mini : .... °C maxi : .... Pression : .... hPa Temps : ....

« En août, de l'aube au soir, on n'a qu'une heure pour s'asseoir. »

♈ Bélier ♉ Taureau ♊ Gémeaux ♋ Cancer ♌ Lion ♍ Vierge ♎ Balance ♏ Scorpion ♐ Sagittaire ♑ Capricorne ♒ Verseau ♓ Poissons

Date	Lune	Lever coucher	Zodiaque
Lundi 8 août	▲ lune desc.	18 h 58 / 1 h 41	♏ jusqu'à 15 h 14, puis ♐
Mardi 9 août	▲ lune desc. jusqu'à 8 h 34, puis lune montante	20 h 04 / 2 h 34	♐
Mercredi 10 août	▲ lune montante – P à 19 h 08	20 h 55 / 3 h 44	♐ jusqu'à 19 h 10, puis ♑
Jeudi 11 août	▲ lune montante	21 h 32 / 5 h 07	♑
Vendredi 12 août	▲ lune montante – pleine lune à 3 h 35	22 h 00 / 6 h 35	♑ jusqu'à 14 h 18, puis ♒
Samedi 13 août	▼ lune montante	22 h 21 / 8 h 02	♒
Dimanche 14 août	▼ lune montante	22 h 39 / 9 h 25	♒ jusqu'à 18 h 43, puis ♓

Travaux au jardin

♏ (jusqu'au lundi 15 h 14)

- Blanchissez chicorées frisées et scaroles selon les besoins.

♐ (lundi 15 h 14 – mercredi 19 h 10)

- En lune descendante, plantez vos fraisiers en climat frais. Dans les régions bénéficiant d'un climat plus doux, vous pouvez attendre les premières pluies. Ne les habillez pas : ne raccourcissez ni les feuillages, ni les racines. Pralinez plutôt les racines.
- En lune montante, greffez en écusson les pommiers, les poiriers, les cerisiers, les pêchers, les pruniers et les abricotiers. Prélevez les greffons sans abîmer les yeux, conservez un morceau du pétiole. Glissez les greffons dans une incision en T et ligaturez avec du raphia.

⚠ **Mercredi, ne jardinez plus après 14 h.**

♑ (mercredi 19 h 10 – vendredi 14 h 18)

- Semez des oignons blancs que vous repiquerez dans le courant du mois d'octobre afin de les consommer en mars ou avril prochains. L'oignon craint l'humidité : plantez-le sur buttes afin de faciliter le drainage du sol. Ne semez pas et ne repiquez pas des oignons près de plantes demandant des arrosages.

♒ (vendredi 14 h 18 – dimanche 18 h 43)

- Marcottez les plantes grimpantes telles que le chèvrefeuille. Le marcottage peut être appliquée à un grand nombre d'arbres et d'arbustes : cotonéaster, jasmin d'hiver, vigne vierge, sumac, glycine, viorne, forsythia, magnolia, clématite, rhododendron, romarin, saule...
- Greffez les églantiers en écusson. L'églantier commun, ou rosier sauvage rustique, ne demande quasiment pas d'entretien. Dès les premiers jours du printemps, il se pare de nombreuses fleurs blanches ou roses. En automne et en hiver, ses jolis fruits rouges font le régal des oiseaux et celui des gourmands (confiture, liqueur,...).

♓ (à partir du dimanche 18 h 43)

- Semez des engrais verts.

Ne pas oublier : si vous êtes envahi par les guêpes ou si vous faites le bonheur des oiseaux, ensachez vos fruits pour les protéger.

Date	Notes :	Météo :
Lundi 8 août St Dominique		Pluie : ...... mm Cumul : ...... mm °C mini : .... °C maxi : .... Pression : .... hPa Temps : ....
Mardi 9 août St Amour		Pluie : ...... mm Cumul : ...... mm °C mini : .... °C maxi : .... Pression : .... hPa Temps : ....
Mercredi 10 août St Laurent		Pluie : ...... mm Cumul : ...... mm °C mini : .... °C maxi : .... Pression : .... hPa Temps : ....
Jeudi 11 août Ste Claire		Pluie : ...... mm Cumul : ...... mm °C mini : .... °C maxi : .... Pression : .... hPa Temps : ....
Vendredi 12 août Ste Clarisse		Pluie : ...... mm Cumul : ...... mm °C mini : .... °C maxi : .... Pression : .... hPa Temps : ....
Samedi 13 août St Hippolyte		Pluie : ...... mm Cumul : ...... mm °C mini : .... °C maxi : .... Pression : .... hPa Temps : ....
Dimanche 14 août St Évrard		Pluie : ...... mm Cumul : ...... mm °C mini : .... °C maxi : .... Pression : .... hPa Temps : ....

« C'est le mois d'août qui donne le bon goût. »

♈ Bélier ♉ Taureau ♊ Gémeaux ♋ Cancer ♌ Lion ♍ Vierge ♎ Balance ♏ Scorpion ♐ Sagittaire ♑ Capricorne ♒ Verseau ♓ Poissons

Date	Lune	Lever / coucher	Jour	Zodiaque	Travaux au jardin
Lundi 15 août	lune montante	22 h 56 / 10 h 44		♓	Taillez les haies de thuyas. Élargissez davantage le bas que le sommet. Si aucune taille n'est effectuée, le thuya peut atteindre jusqu'à 20 m de haut. Il se caractérise alors par une forme conique. N'hésitez pas à tailler franchement, car le thuya a tendance à repousser assez rapidement. Une bonne taille en août garantit une croissance parfaitement maîtrisée du végétal, car c'est à ce moment que la sève descend. Une taille de printemps se fait plutôt en sève montante et accélère donc la croissance de l'arbre : c'est idéal pour se mettre rapidement à l'abri des regards indiscrets des voisins.
Mardi 16 août		23 h 13 / 12 h 00			
Mercredi 17 août		23 h 31 / 13 h 14		6 h 49 ♈	Cueillez les poires d'été qui ont viré au jaune. Attention : elles blettissent rapidement. Cueillez les fraises et les framboises. Récoltez les haricots à écosser, à consommer frais ou à faire sécher. Liez en bottes, suspendez dans un local ventilé. Greffez en écusson toutes sortes de fruitiers. Ce type de greffe, le plus facile, réussit bien par temps couvert. **Jeudi, ne jardinez pas entre 8 h et 18 h.**
Jeudi 18 août	NA à 12 h 57	23 h 51 / 14 h 26			
Vendredi 19 août	à 6 h 36	– / 15 h 38		4 h 30 ♉	Dans les régions bénéficiant d'un climat doux, semez les oignons blancs : 'Printanier parisien', 'Hâtif de Paris', 'de Vaugirard'. Vous pouvez aussi semer les oignons jaunes 'Paille des vertus' et 'Espagnol'. Enfin, il est encore possible de semer les oignons rouges 'de Florence', 'de Brunswick', 'Pâle de Niort'. Vous les sèmerez en pépinière, en rangs espacés de 20 à 30 cm. Vous éclaircirez les jeunes plants tous les 5 cm. Semez des oignons blancs, à repiquer durant le mois d'octobre pour une consommation en mars et avril prochains. Semez serré pour obtenir des bulbilles de petit calibre : elles risquent moins de monter à graine. Pour faciliter le drainage du sol, plantez sur buttes, car l'oignon craint l'humidité.
Samedi 20 août		0 h 16 / 16 h 46			
Dimanche 21 août	à 14 h 01	0 h 47 / 17 h 49			

Ne pas oublier : désherbez vos massifs de fleurs sans vous laisser envahir par les mauvaises herbes.

Date	Notes :	Météo :
Lundi 15 août *Assomption*		Pluie : ..... mm Cum °C mini : ..... °C m Pression : ..... Temps : .....
Mardi 16 août *St Armel*		Pluie : ..... mm Cumul : ..... mm °C mini : ..... °C maxi : ..... Pression : ..... hPa Temps : .....
Mercredi 17 août *St Hyacinthe*		Pluie : ..... mm Cumul : ..... mm °C mini : ..... °C maxi : ..... Pression : ..... hPa Temps : .....
Jeudi 18 août *Ste Hélène*		Pluie : ..... mm Cumul : ..... mm °C mini : ..... °C maxi : ..... Pression : ..... hPa Temps : .....
Vendredi 19 août *St Jean-Eudes*		Pluie : ..... mm Cumul : ..... mm °C mini : ..... °C maxi : ..... Pression : ..... hPa Temps : .....
Samedi 20 août *St Bernard*		Pluie : ..... mm Cumul : ..... mm °C mini : ..... °C maxi : ..... Pression : ..... hPa Temps : .....
Dimanche 21 août *St Christophe*		Pluie : ..... mm Cumul : ..... mm °C mini : ..... °C maxi : ..... Pression : ..... hPa Temps : .....

« En août et en vendanges, il n'y a ni fêtes ni dimanche. »

er ♉ Taureau ♊ Gémeaux ♋ Cancer ♌ Lion ♍ Vierge ♎ Balance ♏ Scorpion ♐ Sagittaire ♑ Capricorne ♒ Verseau ♓ Poissons

Date	Lune	Lever / coucher	Jour	Zodiaque	Travaux au jardin
Lundi 22 août	A à 23 h 52 — 17h08 L. m.	1 h 27 / 18 h 44	Fleurs	3 h 28 ♊	**⚠ Lundi, ne jardinez plus après 18 h 45.** ➤ Arrosez et renouvelez le paillage des massifs de plantes à fleurs. ➤ Nettoyez vos vivaces en coupant les tiges des fleurs fanées. ➤ Marcottez des plantes grimpantes telles que le chèvrefeuille. ➤ Repiquez des pensées et des pâquerettes en bordure de vos massifs à fleurs. ➤ Plantez les vivaces achetées en godets. ➤ Plantez et divisez les pivoines herbacées, en enterrant peu les bourgeons.
Mardi 23 août	lune descendante	2 h 16 / 19 h 30			
Mercredi 24 août	lune descendante	3 h 16 / 20 h 05	Feuilles	9 h 54 ♋	➤ Taillez les haies de persistants : cyprès, thuyas, fusains,... Taillez aussi les topiaires et les bordures de buis, en vous aidant d'un cordeau. Broyez les coupes et étalez-les au pied des haies. ➤ Nettoyez la pelouse avec un balai à gazon, roulez-la et épandez du terreau en couche mince. En sol argileux, épandez du sable grossier.
Jeudi 25 août	lune descendante	4 h 21 / 20 h 33			
Vendredi 26 août	lune descendante	5 h 31 / 20 h 56	Fruits	0 h 30 ♌	➤ Après la récolte, taillez les abricotiers et les pêchers : les rameaux ayant fructifié ne donneront plus de fruits. Coupez-les après les deux rameaux de remplacement de la base qui fructifieront l'an prochain. ➤ Plantez les fraisiers. Hydratez les mottes avant de dépoter les plants ou pralinez les racines s'ils sont à racines nues. Installez-les dans des trous préalablement enrichis de compost (un compost d'origine forestière est idéal), sans enterrer le collet. Tassez et arrosez généreusement. ➤ Taillez les framboisiers non remontants : coupez au ras du sol les cannes qui ont fructifié.
Samedi 27 août	Pleine lune à 10 h 17	6 h 41 / 21 h 15			
Dimanche 28 août	lune descendante	7 h 53 / 21 h 31	Racines	21 h 26 ♍	

Ne pas oublier : c'est le moment de tuteurer les hautes tiges fleuries pour leur permettre de mieux résister aux orages.

Date	Notes :	Météo :
Lundi 22 août St Fabrice		Pluie : …… mm Cumul : …… mm °C mini : …… °C maxi : …… Pression : …… hPa Temps : ……
Mardi 23 août Ste Rose de Lima		Pluie : …… mm Cumul : …… mm °C mini : …… °C maxi : …… Pression : …… hPa Temps : ……
Mercredi 24 août St Barthélemy		Pluie : …… mm Cumul : …… mm °C mini : …… °C maxi : …… Pression : …… hPa Temps : ……
Jeudi 25 août St Louis		Pluie : …… mm Cumul : …… mm °C mini : …… °C maxi : …… Pression : …… hPa Temps : ……
Vendredi 26 août Ste Natacha		Pluie : …… mm Cumul : …… mm °C mini : …… °C maxi : …… Pression : …… hPa Temps : ……
Samedi 27 août Ste Monique		Pluie : …… mm Cumul : …… mm °C mini : …… °C maxi : …… Pression : …… hPa Temps : ……
Dimanche 28 août St Augustin		Pluie : …… mm Cumul : …… mm °C mini : …… °C maxi : …… Pression : …… hPa Temps : ……

« Chaleur d'août, c'est du bien partout. »

♈ Bélier ♉ Taureau ♊ Gémeaux ♋ Cancer ♌ Lion ♍ Vierge ♎ Balance ♏ Scorpion ♐ Sagittaire ♑ Capricorne ♒ Verseau ♓ Poissons

Date	Lune	Lever / coucher	Jour	Zodiaque	Travaux au jardin
Lundi 29 août	▲ Lune descendante	9 h 04 / 21 h 47		♍	Pour rénover les parties abîmées de la pelouse, apportez-leur de la tourbe ou du fumier. Semez, roulez et arrosez. Une pelouse étant un investissement à long terme, privilégiez la qualité des semences (taux de germination supérieur à 85 %).
Mardi 30 août	▲	10 h 16 / 22 h 02			Arrachez les pommes de terre tardives. Laissez-les ressuyer pendant quelques heures au soleil. Conservez-les dans un local bien ventilé, à l'abri de la lumière. Arrachez aussi les derniers oignons. Laissez-les sécher au sol avant de les remiser et de les conserver dans un endroit bien aéré (votre grenier, par exemple).
Mercredi 31 août	▲	11 h 30 / 22 h 18			Éclaircissez les radis d'hiver et les navets, à 15 cm. Arrosez les radis pour qu'ils ne soient pas piquants et les navets pour qu'ils ne soient pas fibreux. Selon vos besoins, arrachez carottes, navets, radis d'automne, céleris-raves et betteraves. Consommez-les vite pour profiter de leurs vitamines.
Jeudi 1er septembre	▲ ND à 23 h 12	12 h 46 / 22 h 38		9 h 25 ♎	**Jeudi, ne jardinez plus après 18 h.** Taillez la lavande en réduisant un peu le feuillage. Cette taille ne doit être réalisée que sur du bois comportant encore du feuillage. Si vous taillez sur du bois sec, cela ne repoussera pas. Coupées, les fleurs de lavande pourront parfumer linge et armoires.
Vendredi 2 septembre	▲	14 h 06 / 23 h 03			Plantez les pivoines herbacées, les hémérocalles ainsi que les iris. Divisez et replantez les iris si les pieds sont âgés.
Samedi 3 septembre	▲ ◗ à 20 h 07	15 h 27 / 23 h 37		0 h 00 ♏	Taillez les haies persistantes ou non, les bordures de buis et les topiaires. Vous pouvez en profiter pour faire des boutures. Après broyage, vous pouvez vous en servir pour pailler des allées, car ce mulch se décompose très lentement et possède d'intéressantes vertus herbicides.
Dimanche 4 septembre	▲	16 h 44 / –		22 h 28 ♐	Taillez les aromates (menthe, thym, sauge,...) et divisez les vieilles touffes.

Ne pas oublier : traitez les conifères contre les attaques d'araignées rouges.

Date	Notes :	Météo :
Lundi 29 août Ste Sabine		Pluie : ...... mm Cumul : ...... mm °C mini : .... °C maxi : .... Pression : .... hPa Temps : ....
Mardi 30 août St Fiacre		Pluie : ...... mm Cumul : ...... mm °C mini : .... °C maxi : .... Pression : .... hPa Temps : ....
Mercredi 31 septembre St Aristide		Pluie : ...... mm Cumul : ...... mm °C mini : .... °C maxi : .... Pression : .... hPa Temps : ....
Jeudi 1er août St Gilles		Pluie : ...... mm Cumul : ...... mm °C mini : .... °C maxi : .... Pression : .... hPa Temps : ....
Vendredi 2 septembre Ste Ingrid		Pluie : ...... mm Cumul : ...... mm °C mini : .... °C maxi : .... Pression : .... hPa Temps : ....
Samedi 3 septembre St Grégoire		Pluie : ...... mm Cumul : ...... mm °C mini : .... °C maxi : .... Pression : .... hPa Temps : ....
Dimanche 4 septembre Ste Rosalie		Pluie : ...... mm Cumul : ...... mm °C mini : .... °C maxi : .... Pression : .... hPa Temps : ....

« Soleil rouge en août, c'est de la pluie partout. »

♈ Bélier ♉ Taureau ♊ Gémeaux ♋ Cancer ♌ Lion ♍ Vierge ♎ Balance ♏ Scorpion ♐ Sagittaire ♑ Capricorne ♒ Verseau ♓ Poissons

Date	Lune	Lever coucher	Jour	Zodiaque	Travaux au jardin
Lundi 5 septembre	▲ l. d. 15 h 51	17 h 53 0 h 22		♐	➧ En lune descendante, effeuillez les pommiers et les poiriers pour que le soleil atteigne plus facilement les fruits. ➧ Toujours en lune descendante, et après les dernières récoltes, taillez les abricotiers et les pêchers. Coupez-les à proximité de leur base après les deux rameaux de remplacement qui fructifieront l'année prochaine. ➧ En lune montante, cueillez les poires d'été qui ont viré au jaune. Pour hâter le mûrissement des poires vertes, placez-les dans un endroit sombre à l'abri des courants d'air.
Mardi 6 septembre	▲ lune montante	18 h 48 1 h 24			
Mercredi 7 septembre	▲ P à 20 h 18	19 h 29 2 h 40		4 h 01 ♑	⚠ **Mercredi, ne jardinez plus après 15 h.** ➧ Semez des radis de tous les mois Semez en ligne ou à la volée, enterrez les graines tous les 3 à 5 cm, sous 1 cm de terreau. La variété 'Flamboyant' est l'une des meilleures, jamais piquante. Vous avez aussi le choix des variétés 'Gaudry 2' et de 'Dix-huit jours'. Éclaircissez quelques jours après la levée, arrosez régulièrement pour que les radis ne soient pas piquants.
Jeudi 8 septembre	▲	20 h 00 4 h 05			
Vendredi 9 septembre	▲	20 h 23 5 h 32		0 h 10 ♒	➧ Semez les plantes annuelles peu frileuses (pois de senteur, pavot de Californie,...) directement en place. Elles s'installeront avant l'hiver et fleuriront plus vite et mieux au printemps. ➧ Semez de la valériane. La plante supporte bien les sols pauvres, secs et caillouteux. Elle se plaît sur un muret de pierres sèches, dans une rocaille, sur un talus sec difficile d'accès... Une fois installée, vous pourrez l'oublier : elle ne nécessite aucun entretien et pas plus d'arrosage. Du mois de mai jusqu'en septembre, elle se couvre de fleurs parfumées blanches, rouges ou roses.
Samedi 10 septembre	▲ ○ à 11 h 59	20 h 42 6 h 56			
Dimanche 11 septembre	▼	20 h 59 8 h 17		4 h 54 ♓	➧ Semez des engrais verts sur les parcelles libres du potager. Vous les enfouirez au printemps. ➧ Semez un mesclun asiatique : chou chinois, moutarde de Chine, mizuna.

Ne pas oublier : septembre est le mois idéal pour les binages, à faire de préférence après une légère pluie ou un arrosage.

Date	Notes :	Météo :
Lundi 5 septembre Ste Raïssa		Pluie : ...... mm Cumul : ...... mm °C mini : .... °C maxi : .... Pression : .... hPa Temps : ....
Mardi 6 septembre St Bertrand		Pluie : ...... mm Cumul : ...... mm °C mini : .... °C maxi : .... Pression : .... hPa Temps : ....
Mercredi 7 septembre Ste Reine		Pluie : ...... mm Cumul : ...... mm °C mini : .... °C maxi : .... Pression : .... hPa Temps : ....
Jeudi 8 septembre St Adrien		Pluie : ...... mm Cumul : ...... mm °C mini : .... °C maxi : .... Pression : .... hPa Temps : ....
Vendredi 9 septembre St Alain		Pluie : ...... mm Cumul : ...... mm °C mini : .... °C maxi : .... Pression : .... hPa Temps : ....
Samedi 10 septembre Ste Inès		Pluie : ...... mm Cumul : ...... mm °C mini : .... °C maxi : .... Pression : .... hPa Temps : ....
Dimanche 11 septembre St Adelphe		Pluie : ...... mm Cumul : ...... mm °C mini : .... °C maxi : .... Pression : .... hPa Temps : ....

« En septembre, la bruine est toujours bonne à la vigne. »

♈ Bélier ♉ Taureau ♊ Gémeaux ♋ Cancer ♌ Lion ♍ Vierge ♎ Balance ♏ Scorpion ♐ Sagittaire ♑ Capricorne ♒ Verseau ♓ Poissons

Date	Lune	Lever coucher
Lundi 12 septembre	Lune montante	21 h 16 / 9 h 36
Mardi 13 septembre		21 h 33 / 10 h 52
Mercredi 14 septembre	NA à 16 h 48	21 h 53 / 12 h 08
Jeudi 15 septembre		22 h 15 / 13 h 21
Vendredi 16 septembre		22 h 44 / 14 h 32
Samedi 17 septembre	à 23 h 51	23 h 21 / 15 h 39
Dimanche 18 septembre		– / 16 h 37

Jour	Zodiaque	Travaux au jardin
	♓	C'est le moment de semer le gazon. Débarrassez le sol de tous les éléments indésirables : cailloux, herbes, racines... Brisez les mottes, griffez et ratissez pour obtenir une surface plane et homogène. Tassez le sol afin que les graines ne s'enfoncent pas trop profondément. Semez et ratissez afin d'enfouir légèrement les graines, puis tassez une nouvelle fois. Arrosez ensuite en pluie très fine.
	15 h 17 ♈	Coupez les feuilles proches des grappes de raisin afin de favoriser leur maturité. Enlevez les feuilles qui dissimulent les tomates qui sont en cours de mûrissement. N'oubliez pas que l'effeuillage complet (ou presque) des pieds de tomates contrarie le grossissement des fruits. ⚠ **Mercredi, ne jardinez plus après 11 h 45.** Cueillez maintenant les fraises et les framboises. Bouturez les géraniums et les fuchsias. Récoltez les pommes et les poires d'automne qui, malheureusement, se conservent peu.
	12 h 58 ♉	Semez des poireaux baguette en rangs espacés de 20 cm et en veillant à disperser les graines. Après la levée, éclaircissez à 5 cm. Les poireaux baguette ne se repiquent pas et seront récoltés au mois de mai prochain. Les poireaux baguette sont aussi appelés poireaux de printemps. Parmi les variétés les plus intéressantes, il faut mentionner 'Bleu de Solaise', 'de Liège',... Attention à leurs principaux ravageurs : le ver du poireau (teigne) et la mineuse du poireau qui peuvent causer de gros ravages. Semez des radis de tous les mois ('National', 'Dix-huit Jours', 'Gaudry 2',...) : ils lèveront encore rapidement dans la terre chaude à condition de les arroser s'il ne pleut pas. Semez en ligne ou à la volée. Enterrez les graines tous les 3 à 5 cm, sous 1 cm de terreau. Éclaircissez-les rapidement.
	10 h 59 ♊	Faites un semis d'annuelles rustiques (bleuets, coquelicots, lavatères, nigelles, eschscholtzias, muflier...).

Ne pas oublier **:** rentrez les plantes d'intérieur qui ont passé l'été dehors.

Date	Notes :	Météo :
Lundi 12 septembre St Apollinaire		Pluie : ...... mm Cumul : ...... mm °C mini : .... °C maxi : .... Pression : .... hPa Temps : ....
Mardi 13 septembre St Aimé		Pluie : ...... mm Cumul : ...... mm °C mini : .... °C maxi : .... Pression : .... hPa Temps : ....
Mercredi 14 septembre St Materne		Pluie : ...... mm Cumul : ...... mm °C mini : .... °C maxi : .... Pression : .... hPa Temps : ....
Jeudi 15 septembre St Roland		Pluie : ...... mm Cumul : ...... mm °C mini : .... °C maxi : .... Pression : .... hPa Temps : ....
Vendredi 16 septembre Ste Édith		Pluie : ...... mm Cumul : ...... mm °C mini : .... °C maxi : .... Pression : .... hPa Temps : ....
Samedi 17 septembre St Renaud		Pluie : ...... mm Cumul : ...... mm °C mini : .... °C maxi : .... Pression : .... hPa Temps : ....
Dimanche 18 septembre Ste Nadège		Pluie : ...... mm Cumul : ...... mm °C mini : .... °C maxi : .... Pression : .... hPa Temps : ....

« Mois de septembre pluvieux, an fructueux. »

♈ Bélier ♉ Taureau ♊ Gémeaux ♋ Cancer ♌ Lion ♍ Vierge ♎ Balance ♏ Scorpion ♐ Sagittaire ♑ Capricorne ♒ Verseau ♓ Poissons

Date	Lune	Lever coucher	Jour	Zodiaque	Travaux au jardin
Lundi 19 septembre	A à 16 h 43 (0 h 11)	0 h 07 / 17 h 27		♊	⚠ **Lundi, ne jardinez plus après 11 h 30.** ➤ Vous pouvez commencer la mise en place des bulbes à floraison printanière précoce (crocus, narcisses, perce-neige,...). Pour les crocus et les perce-neige, plantez-en plusieurs dizaines afin d'obtenir un superbe effet naturel.
Mardi 20 septembre	lune descendante	1 h 03 / 18 h 06		17 h 18 ♋	➤ Bouturez les arbustes à feuillage persistant : berbéris aucuba, laurier palme... Placez les boutures sous châssis et protégez-les avec des paillassons en hiver. Les arbustes persistants sont souvent une bonne solution pour se protéger des regards indiscrets ou pour délimiter son jardin.
Mercredi 21 septembre	lune descendante	2 h 07 / 18 h 36			
Jeudi 22 septembre	lune descendante	3 h 15 / 19 h 01		7 h 57 ♌	➤ Il est encore temps de planter des fraisiers tous les 30 cm, avec 40 cm entre deux rangs. Vous pouvez également les planter en bordure d'allées ou de massifs, voire aussi autour de vos petits arbustes. S'ils sont à racines nues, formez une petite butte et étalez dessus le système racinaire préalablement praliné. Rebouchez sans enterrer le collet. Paillez avec des écorces ou du broyat de bois. En se décomposant, ce mulch fournira un terreau particulièrement apprécié par les fraisiers. ➤ Installez les petits fruits vendus en conteneur : groseilliers, framboisiers, cassissiers… Dépotez et laissez la motte dans l'eau pendant au moins une trentaine de minutes afin qu'elle s'humidifie correctement. Creusez un trou un peu plus large que la motte : cela facilitera la progression des racines. Tassez légèrement et arrosez.
Vendredi 23 septembre Équinoxe	lune descendante	4 h 26 / 19 h 21			
Samedi 24 septembre	lune descendante	5 h 38 / 19 h 38			
Dimanche 25 septembre	● à 23 h 54	6 h 50 / 19 h 53		4 h 35 ♍	➤ Bouturez les racines charnues (chardon, pavot) et plantez des fleurs à terre de bruyère (azalée, rhododendron).

Ne pas oublier : choisissez maintenant vos bulbes d'automne, c'est le moment de les planter.

Date	Notes :	Météo :
Lundi 19 septembre Ste Émilie		Pluie : ...... mm Cumul : ...... mm °C mini : .... °C maxi : .... Pression : .... hPa Temps : ....
Mardi 20 septembre St Davy		Pluie : ...... mm Cumul : ...... mm °C mini : .... °C maxi : .... Pression : .... hPa Temps : ....
Mercredi 21 septembre St Matthieu		Pluie : ...... mm Cumul : ...... mm °C mini : .... °C maxi : .... Pression : .... hPa Temps : ....
Jeudi 22 septembre St Maurice		Pluie : ...... mm Cumul : ...... mm °C mini : .... °C maxi : .... Pression : .... hPa Temps : ....
Vendredi 23 septembre Automne		Pluie : ...... mm Cumul : ...... mm °C mini : .... °C maxi : .... Pression : .... hPa Temps : ....
Samedi 24 septembre Ste Thècle		Pluie : ...... mm Cumul : ...... mm °C mini : .... °C maxi : .... Pression : .... hPa Temps : ....
Dimanche 25 septembre St Hermann		Pluie : ...... mm Cumul : ...... mm °C mini : .... °C maxi : .... Pression : .... hPa Temps : ....

« Orages de septembre, neige de décembre. »

♈ Bélier ♉ Taureau ♊ Gémeaux ♋ Cancer ♌ Lion ♍ Vierge ♎ Balance ♏ Scorpion ♐ Sagittaire ♑ Capricorne ♒ Verseau ♓ Poissons

Date	Lune	Lever / coucher	Jour	Zodiaque	Travaux au jardin
Lundi 26 septembre	lune descendante	8 h 03 / 20 h 08		♍	Repiquez les oignons qui ont été semés au début du mois d'août. Prenez les plus beaux et laissez les autres grossir encore un peu. Rajeunissez le feuillage et les radicelles à environ 1 cm du bulbe avant de les repiquer. Installez-les sur une planche bien exposée et surélevée afin d'éviter la pourriture due à l'humidité. Tassez le sol autour de ceux qui restent en pépinière. Tracez des lignes tous les 15 cm et placez un oignon tous les 8 cm, à 3 cm de profondeur. Ne les arrosez pas.
Mardi 27 septembre	lune descendante	9 h 17 / 20 h 25			
Mercredi 28 septembre	lune descendante	10 h 34 / 20 h 43		15 h 21 ♎	⚠ **Jeudi, ne jardinez avant 6 h 45.** Divisez les vivaces rustiques telles que les géraniums (les vrais géraniums ; pas les pélargoniums). Ce sont des plantes vivaces qui restent en place de saison en saison. Ils sont rustiques et faciles à vivre. Le géranium totaliserait plus de 300 variétés.
Jeudi 29 septembre	ND à 1 h 42 — lune descendante	11 h 55 / 21 h 07			
Vendredi 30 septembre	lune descendante	13 h 17 / 21 h 37		5 h 29 ♏	Plantez les conifères et les arbustes persistants vendus en conteneurs. À la bêche, ouvrez un trou 2 à 3 fois plus grand que le pot, ajoutez du compost. Humidifiez la motte. Enlevez la terre qui entoure les racines, placez la motte au centre du trou. Refermez le trou en ramenant la terre extraite, tassez à la main, réalisez une cuvette d'arrosage et remplissez-la d'eau pour qu'elle s'infiltre en douceur.
Samedi 1er octobre	lune descendante	14 h 36 / 22 h 18			
Dimanche 2 octobre	lune descendante — L. m. 21 h 28	15 h 48 / 23 h 14		4 h 00 ♐	En lune descendante, bouturez les racines des framboisiers.

Ne pas oublier : comme leur croissance commence à ralentir, réduisez les arrosages et les doses d'engrais de vos plantes d'intérieur.

Date	Notes :	Météo :
Lundi 26 septembre Ste Côme, Damien		Pluie : ...... mm Cumul : ...... mm °C mini : .... °C maxi : .... Pression : .... hPa Temps : ....
Mardi 27 septembre St Vincent de Paul		Pluie : ...... mm Cumul : ...... mm °C mini : .... °C maxi : .... Pression : .... hPa Temps : ....
Mercredi 28 septembre St Venceslas		Pluie : ...... mm Cumul : ...... mm °C mini : .... °C maxi : .... Pression : .... hPa Temps : ....
Jeudi 29 septembre St Michel		Pluie : ...... mm Cumul : ...... mm °C mini : .... °C maxi : .... Pression : .... hPa Temps : ....
Vendredi 30 septembre St Jérôme		Pluie : ...... mm Cumul : ...... mm °C mini : .... °C maxi : .... Pression : .... hPa Temps : ....
Samedi 1er octobre S^te^ Th. de l'E.-J.		Pluie : ...... mm Cumul : ...... mm °C mini : .... °C maxi : .... Pression : .... hPa Temps : ....
Dimanche 2 octobre St Léger		Pluie : ...... mm Cumul : ...... mm °C mini : .... °C maxi : .... Pression : .... hPa Temps : ....

« Automne en fleurs, hiver plein de rigueur. »

♈ Bélier ♉ Taureau ♊ Gémeaux ♋ Cancer ♌ Lion ♍ Vierge ♎ Balance ♏ Scorpion ♐ Sagittaire ♑ Capricorne ♒ Verseau ♓ Poissons

Date	Lune	Lever coucher	Jour	Zodiaque	Travaux au jardin
Lundi 3 octobre	Premier quartier à 2 h 13	16 h 46 / –		♐	Récoltez les potirons avant qu'ils ne soient atteints de tavelure (caractérisée par des taches brunes). Laissez-les finir de mûrir au frais, dans un endroit un peu sombre. Récoltez les pommes et les poires d'automne qui, malheureusement, se conservent peu. **Mardi, ne jardinez plus après 13 h 30.**
Mardi 4 octobre	P à 18 h 33	17 h 30 / 0 h 24	10 h 34 	10 h 34 ♑	Semez des poireaux « baguette » en rangs espacés d'une vingtaine de centimètres et en veillant à bien disperser les graines. Après la levée, éclaircissez à 5 cm. Les poireaux « baguette », également connus sous le nom de poireaux de printemps, ne se repiquent pas. La récolte est prévue au mois de mai prochain. Attention à leurs principaux ravageurs : la mineuse et le ver du poireau qui peuvent causer de véritables désastres.
Mercredi 5 octobre		18 h 02 / 1 h 45			
Jeudi 6 octobre		18 h 26 / 3 h 09	8 h 00 	8 h 00 ♒	Pratiquez maintenant l'écussonnage des églantiers afin de multiplier vos rosiers. Nettoyez soigneusement la zone à greffer en supprimant toutes les feuilles et épines. Réalisez ensuite une incision en forme de T dans le porte-greffe. Prélevez un rameau de la variété à multiplier sur une pousse de l'année. Sur ce rameau, à l'aisselle des feuilles, vous remarquerez la présence d'un bourgeon. C'est autour de cet « œil » qu'il faut découper l'écusson. Décollez délicatement le bois de l'écusson. Insérez cet écusson dans l'incision en T du porte-greffe.
Vendredi 7 octobre		18 h 46 / 4 h 32			
Samedi 8 octobre		19 h 04 / 5 h 53	13 h 59 	13 h 59 ♓	Sauf dans les régions fraîches, vous pouvez semer un nouveau gazon ou regarnir une pelouse dégradée. L'installation d'une pelouse au début de l'automne est préférable à un semis printanier : elle a alors le temps de s'installer sans être piétinée et ne demande qu'un strict minimum d'arrosages.
Dimanche 9 octobre	Pleine lune à 22 h 54	19 h 20 / 7 h 12			

Lune montante

Ne pas oublier : les nuits commencent à fraîchir, pensez à rentrer les pots d'agrumes ou de palmiers.

Date	Notes :	Météo :
Lundi 3 octobre St Gérard		Pluie : ...... mm Cumul : ...... mm °C mini : .... °C maxi : .... Pression : .... hPa Temps : ....
Mardi 4 octobre S^t^ Fr. d'Assise		Pluie : ...... mm Cumul : ...... mm °C mini : .... °C maxi : .... Pression : .... hPa Temps : ....
Mercredi 5 octobre Ste Fleur		Pluie : ...... mm Cumul : ...... mm °C mini : .... °C maxi : .... Pression : .... hPa Temps : ....
Jeudi 6 octobre St Bruno		Pluie : ...... mm Cumul : ...... mm °C mini : .... °C maxi : .... Pression : .... hPa Temps : ....
Vendredi 7 octobre St Serge		Pluie : ...... mm Cumul : ...... mm °C mini : .... °C maxi : .... Pression : .... hPa Temps : ....
Samedi 8 octobre Ste Pélagie		Pluie : ...... mm Cumul : ...... mm °C mini : .... °C maxi : .... Pression : .... hPa Temps : ....
Dimanche 9 octobre St Denis		Pluie : ...... mm Cumul : ...... mm °C mini : .... °C maxi : .... Pression : .... hPa Temps : ....

« Octobre en brumes, mois à rhumes. »

♈ Bélier ♉ Taureau ♊ Gémeaux ♋ Cancer ♌ Lion ♍ Vierge ♎ Balance ♏ Scorpion ♐ Sagittaire ♑ Capricorne ♒ Verseau ♓ Poissons

Date	Lune	Lever coucher	Jour	Zodiaque	Travaux au jardin
Lundi 10 octobre	lune montante	19 h 37 / 8 h 29		♓	➲ En cas de besoin, protégez vos semis à l'aide d'un tunnel. Protéger vos légumes vous permettra d'en avoir tout au long de la mauvaise saison. Veillez à bien fixer le tunnel au sol et à vérifier l'aération afin d'éviter toute condensation.
Mardi 11 octobre	NA à 23 h 48	19 h 55 / 9 h 45		0 h 23 ♈	⚠ **Mardi, ne jardinez plus après 18 h 45.** ➲ En climat doux, semez des pois à grains ronds dans des sillons espacés de 50 cm, à 4 ou 5 cm de profondeur, une graine tous les 2 cm. Vous binerez et butterez dès que la végétation atteindra une dizaine de centimètres de haut. ➲ Dans les régions à hiver doux, vous pouvez semer des fèves. Dans des sillons espacés d'au moins 40 cm, plantez une graine tous les 15 à 20 cm, à 4 ou 5 cm de profondeur.
Mercredi 12 octobre		20 h 16 / 11 h 01			
Jeudi 13 octobre		20 h 42 / 12 h 14		22 h 01 ♉	➲ Installez l'échalote grise qui préfère les terrains légers et sablonneux. Si votre sol est lourd, incorporez lors du labour une généreuse quantité de sable. N'arrosez pas la culture, car vous feriez pourrir le bulbe. Cultivée pour son goût prononcé, l'échalote grise se plante obligatoirement en automne. Une fois récoltée, elle ne se conserve pas au-delà de décembre.
Vendredi 14 octobre		21 h 16 / 13 h 25			
Samedi 15 octobre		21 h 58 / 14 h 27		19 h 11 ♊	➲ En lune descendante, plantez les bulbes de printemps : jacinthes, tulipes et lis. Enterrez les bulbes à une profondeur équivalente à 2 ou 3 fois la taille des oignons. Privilégiez les bulbes de gros calibre et plantez-les toujours en nombre impair.
Dimanche 16 octobre	8h14 l. d.	22 h 50 / 15 h 21			

Ne pas oublier : aérez la pelouse avec les dents d'une fourche ou un scarificateur.

Date	Notes :	Météo :
Lundi 10 octobre St Ghislain		Pluie : ...... mm Cumul : ...... mm °C mini : .... °C maxi : .... Pression : .... hPa Temps : ....
Mardi 11 octobre St Firmin		Pluie : ...... mm Cumul : ...... mm °C mini : .... °C maxi : .... Pression : .... hPa Temps : ....
Mercredi 12 octobre St Wilfried		Pluie : ...... mm Cumul : ...... mm °C mini : .... °C maxi : .... Pression : .... hPa Temps : ....
Jeudi 13 octobre St Géraud		Pluie : ...... mm Cumul : ...... mm °C mini : .... °C maxi : .... Pression : .... hPa Temps : ....
Vendredi 14 octobre St Juste		Pluie : ...... mm Cumul : ...... mm °C mini : .... °C maxi : .... Pression : .... hPa Temps : ....
Samedi 15 octobre Ste Th. d'Avila		Pluie : ...... mm Cumul : ...... mm °C mini : .... °C maxi : .... Pression : .... hPa Temps : ....
Dimanche 16 octobre Ste Edwige		Pluie : ...... mm Cumul : ...... mm °C mini : .... °C maxi : .... Pression : .... hPa Temps : ....

« Si octobre est chaud, février sera froid. »

♈ Bélier ♉ Taureau ♊ Gémeaux ♋ Cancer ♌ Lion ♍ Vierge ♎ Balance ♏ Scorpion ♐ Sagittaire ♑ Capricorne ♒ Verseau ♓ Poissons

Date	Lune	Lever / coucher	Jour	Zodiaque	Travaux au jardin
Lundi 17 octobre	A à 12 h 20 ; premier quartier à 19 h 15 ; lune descendante	23 h 51 / 16 h 04	Fleur	♊	⚠ **Lundi, ne jardinez pas entre 7 h 15 et 17 h 30.** ➤ Plantez les bulbes de printemps : jacinthes, tulipes et lis.
Mardi 18 octobre	lune descendante	– / 16 h 38	Feuille	1 h 21 ♋	➤ Plantez les conifères et les arbustes résistants achetés en conteneurs. Ils pourront ainsi commencer à s'enraciner avant l'arrivée des grands froids.
Mercredi 19 octobre	lune descendante	0 h 58 / 17 h 04	Fruit	16 h 13 ♌	➤ Ouvrez les trous de plantation des arbres fruitiers à installer en novembre ou décembre. ➤ Si le temps est doux et sec, traitez les fruitiers contre la moniliose avec de la bouillie bordelaise : un fongicide classique qui ne traite que ce qu'il couvre, sans aucune action rayonnante. ➤ Installez les petits fruits vendus en conteneurs (cassissiers, groseilliers, framboisiers) en espaçant les pieds de 1 m. Prévoyez une armature pour les framboisiers.
Jeudi 20 octobre	lune descendante	2 h 07 / 17 h 26			
Vendredi 21 octobre	lune descendante	3 h 19 / 17 h 43			
Samedi 22 octobre	lune descendante	4 h 30 / 17 h 59	Racine	13 h 15 ♍	➤ Arrachez les endives 'Witloof' à l'aide d'une fourche-bêche, en veillant à ne pas abîmer les racines. Laissez-les faner quelques jours sur le sol pour provoquer l'arrêt de la végétation, en les protégeant du gel et du soleil avec des feuilles ou des fougères. Enlevez ensuite la terre à la main, taillez les petites racines en coupant le feuillage un peu au-dessus du collet.
Dimanche 23 octobre	lune descendante	5 h 43 / 18 h 14			

Ne pas oublier : aérez la pelouse avec les dents d'une fourche ou un scarificateur.

Date	Notes :	Météo :
Lundi 17 octobre St Baudouin		Pluie : ...... mm Cumul : ...... mm °C mini : ...... °C maxi : ...... Pression : ...... hPa Temps : ......
Mardi 18 octobre St Luc		Pluie : ...... mm Cumul : ...... mm °C mini : ...... °C maxi : ...... Pression : ...... hPa Temps : ......
Mercredi 19 octobre St René		Pluie : ...... mm Cumul : ...... mm °C mini : ...... °C maxi : ...... Pression : ...... hPa Temps : ......
Jeudi 20 octobre Ste Adeline		Pluie : ...... mm Cumul : ...... mm °C mini : ...... °C maxi : ...... Pression : ...... hPa Temps : ......
Vendredi 21 octobre Ste Céline		Pluie : ...... mm Cumul : ...... mm °C mini : ...... °C maxi : ...... Pression : ...... hPa Temps : ......
Samedi 22 octobre Ste Élodie		Pluie : ...... mm Cumul : ...... mm °C mini : ...... °C maxi : ...... Pression : ...... hPa Temps : ......
Dimanche 23 octobre St J. de Capistran		Pluie : ...... mm Cumul : ...... mm °C mini : ...... °C maxi : ...... Pression : ...... hPa Temps : ......

« S'il neige en octobre, l'hiver sera sobre. »

♈ Bélier ♉ Taureau ♊ Gémeaux ♋ Cancer ♌ Lion ♍ Vierge ♎ Balance ♏ Scorpion ♐ Sagittaire ♑ Capricorne ♒ Verseau ♓ Poissons

Date	Lune	Lever coucher	Jour	Zodiaque	Travaux au jardin
Lundi 24 octobre	▼ lune descendante	6 h 57 / 18 h 30		♍	➲ Plantez les oignons qui ont été semés au début du mois de septembre. ➲ Éclaircissez les carottes semées au début du mois d'octobre.
Mardi 25 octobre	▼ à 12 h 48	8 h 14 / 18 h 47			
Mercredi 26 octobre	▲ ND à 8 h 30	9 h 36 / 19 h 09		23 h 09 ♎	⚠ **Mercredi, ne jardinez pas avant 13 h 30.** ➲ Dès les premières gelées, arrachez les glaïeuls, dahlias, bégonias et cannas. Laissez-les sécher à l'abri et stockez-les dans un local non chauffé, à l'abri du gel, parmi des feuilles de noyer pour éloigner les éventuels rongeurs.
Jeudi 27 octobre	▲	10 h 59 / 19 h 37		12 h 22 ♏	➲ Dans les régions qui bénéficient d'un climat doux, vous pouvez planter l'échalote grise qui préfère les terrains légers et sablonneux. Si votre sol est lourd, incorporez lors du labour une généreuse quantité de sable. Cultivée pour son goût prononcé, l'échalote grise se plante obligatoirement en automne. Une fois récoltée, elle ne se conserve pas au-delà de décembre.
Vendredi 28 octobre	▲	12 h 23 / 20 h 15			
Samedi 29 octobre	▲ P à 16 h 35	13 h 40 / 21 h 07		9 h 49 ♐	➲ En lune descendante et dans le Midi, il est encore temps de planter des fraisiers pour obtenir une pleine récolte l'an prochain. ➲ En lune montante, semez à la volée de l'engrais vert sur les parcelles inutilisées lors de l'hiver prochain. Vous pouvez utiliser un mélange d'épinards et de moutarde, ou un mélange de seigle et de vesce. Tassez afin d'enterrer légèrement les graines. Vous couperez et enfouirez lors du printemps prochain.
Dimanche 30 octobre	▲ 2h04 lune mont.	14 h 43 / 21 h 14			

Ne pas oublier : récoltez des fougères dans la nature. Elles font une excellente protection contre le gel et les limaces les détestent.

Date	Notes :	Météo :
Lundi 24 octobre St Florentin		Pluie : ...... mm Cumul : ...... mm °C mini : .... °C maxi : .... Pression : .... hPa Temps : ....
Mardi 25 octobre St Crépin		Pluie : ...... mm Cumul : ...... mm °C mini : .... °C maxi : .... Pression : .... hPa Temps : ....
Mercredi 26 octobre St Dimitri		Pluie : ...... mm Cumul : ...... mm °C mini : .... °C maxi : .... Pression : .... hPa Temps : ....
Jeudi 27 octobre Ste Émeline		Pluie : ...... mm Cumul : ...... mm °C mini : .... °C maxi : .... Pression : .... hPa Temps : ....
Vendredi 28 octobre Sts Simon, Jude		Pluie : ...... mm Cumul : ...... mm °C mini : .... °C maxi : .... Pression : .... hPa Temps : ....
Samedi 29 octobre St Narcisse		Pluie : ...... mm Cumul : ...... mm °C mini : .... °C maxi : .... Pression : .... hPa Temps : ....
Dimanche 30 octobre St Bienvenu		Pluie : ...... mm Cumul : ...... mm °C mini : .... °C maxi : .... Pression : .... hPa Temps : ....

« Octobre emmitouflé annonce décembre ensoleillé. »

♈ Bélier ♉ Taureau ♊ Gémeaux ♋ Cancer ♌ Lion ♍ Vierge ♎ Balance ♏ Scorpion ♐ Sagittaire ♑ Capricorne ♒ Verseau ♓ Poissons

Date	Lune	Lever coucher	Jour	Zodiaque	Travaux au jardin
Lundi 31 octobre	Lune montante	14 h 31 22 h 32		♐ 14 h 54 ♑	⊗ Tamisez l'ancien compost et utilisez-le dans vos massifs ainsi que dans le jardin potager. L'utilisation d'un compost est vraiment facile : 20 kg de compost permettent généralement de couvrir 1,20 m de massif. Certaines plantes favorisent la bonne fermentation du compost, notamment l'ortie (lorsqu'elle est récoltée jeune), le pissenlit, l'achillée millefeuille et la camomille. Bien entendu, ces plantes ne doivent pas avoir subi le moindre traitement chimique.
Mardi 1er novembre	Premier quartier à 7 h 37	15 h 06 23 h 55			
Mercredi 2 novembre		15 h 33 –		12 h 49 ♒	⊗ Dans les régions bénéficiant d'un climat doux, taillez soigneusement les fleurs fanées des hortensias. Coupez au-dessus du premier bourgeon situé sous la fleur. Profitez-en pour supprimer une ou deux branches âgées. ⊗ Toujours en climat doux, des semis d'annuelles rustiques (soucis, capucines, lavatères, aconit, ancolie, godetia…) sont encore possibles. ⊗ Dans toutes les régions, semez du bleuet, du coquelicot et même de l'aneth dans les bandes florales du potager pour protéger les plantations de choux des ravageurs.
Jeudi 3 novembre		15 h 53 1 h 18			
Vendredi 4 novembre		16 h 10 2 h 37		20 h 02 ♓	⊗ Après les premières gelées, récoltez les variétés d'hiver des choux de Bruxelles, en commençant par les pommes du bas des tiges. Elles sont toujours meilleures après avoir subi le gel. Laissez les bourgeons du haut se développer tranquillement. N'oubliez pas d'enlever régulièrement les feuilles qui jaunissent. La récolte de vos choux de Bruxelles peut s'étendre quasiment jusqu'à la fin de l'hiver ! Le chou de Bruxelles se flétrit et se dessèche rapidement. Il se conserve pendant une semaine au maximum dans le réfrigérateur. Par contre, après blanchiment, il peut être facilement conservé pendant quatre à cinq mois dans le congélateur.
Samedi 5 novembre		16 h 26 3 h 55			
Dimanche 6 novembre		16 h 42 5 h 11			

Ne pas oublier : retirez les feuilles mortes qui tombent encore à la surface de votre bassin d'eau.

Date	Notes :	Météo :
Lundi 31 octobre St Quentin		Pluie : ...... mm Cumul : .... mm °C mini : .... °C maxi : .... Pression : .... hPa Temps : ....
Mardi 1er novembre Toussaint		Pluie : ...... mm Cumul : .... mm °C mini : .... °C maxi : .... Pression : .... hPa Temps : ....
Mercredi 2 novembre Défunts		Pluie : ...... mm Cumul : .... mm °C mini : .... °C maxi : .... Pression : .... hPa Temps : ....
Jeudi 3 novembre St Hubert		Pluie : ...... mm Cumul : .... mm °C mini : .... °C maxi : .... Pression : .... hPa Temps : ....
Vendredi 4 novembre St Charles		Pluie : ...... mm Cumul : .... mm °C mini : .... °C maxi : .... Pression : .... hPa Temps : ....
Samedi 5 novembre Ste Sylvie		Pluie : ...... mm Cumul : .... mm °C mini : .... °C maxi : .... Pression : .... hPa Temps : ....
Dimanche 6 novembre Ste Bertille		Pluie : ...... mm Cumul : .... mm °C mini : .... °C maxi : .... Pression : .... hPa Temps : ....

« Le cinq tu sauras quel mois tu auras. »

♈ Bélier ♉ Taureau ♊ Gémeaux ♋ Cancer ♌ Lion ♍ Vierge ♎ Balance ♏ Scorpion ♐ Sagittaire ♑ Capricorne ♒ Verseau ♓ Poissons

Date	Lune	Lever / coucher	Jour	Zodiaque	Travaux au jardin
Lundi 7 novembre	lune montante	16 h 59 / 6 h 25	feuille, puis fruit	♓ 7 h 36 ♈	Protégez votre estragon. Semez à la volée de l'engrais vert sur les parcelles inutilisées au cours de l'hiver prochain. Vous pouvez utiliser un mélange d'épinard et de moutarde, ou un mélange de vesce et de seigle. Tassez afin d'enterrer légèrement les graines. Vous couperez et enfouirez au printemps prochain. **Mardi, ne jardinez pas avant 12 h 15.**
Mardi 8 novembre	NA à 7 h 07 ; pleine lune à 12 h 02	17 h 19 / 7 h 41	fruit	♈	
Mercredi 9 novembre	lune montante	17 h 42 / 8 h 55	racine	5 h 31 ♉	Période creuse au jardin ! Faites le plan de votre potager pour l'an prochain, en tenant compte de la rotation des cultures et des associations de plantes. Définissez les planches destinées aux légumes-racines qui ne poussent que dans un sol non fumé récemment, sans débris végétaux. Trois principes régissent la rotation des cultures. D'abord, classez les plantes potagères en fonction des organes qu'elles développent prioritairement (fruits, fleurs, feuilles ou racines). Deuxième principe : ne faites pas se succéder des plantes de la même famille botanique. Dernier principe : faites se succéder des cultures ayant des exigences de fumure différentes.
Jeudi 10 novembre	lune montante	18 h 12 / 10 h 07	racine	♉	
Vendredi 11 novembre	lune montante	18 h 51 / 11 h 15	racine	♉	
Samedi 12 novembre	lune montante jusqu'à 15 h 20, puis L. descendante	19 h 40 / 12 h 13	fleur	2 h 22 ♊	Taillez les rosiers avant l'arrivée du froid. Buttez les jeunes rosiers au-dessus du point de greffe. Plantez des chrysanthèmes à fleurs simples, des hémérocalles et des pivoines. Bouturez vos arbustes à petits fruits ou plantez de nouvelles variétés. Après les premières gelées, arrachez les derniers bégonias, dahlias, cannas et glaïeuls. Stockez-les au sec.
Dimanche 13 novembre	L. descendante	20 h 37 / 13 h 00	fleur	♊	

Ne pas oublier : protégez les robinets des jardins contre le gel.

Date	Notes :	Météo :
Lundi 7 novembre Ste Carine		Pluie : ...... mm Cumul : ...... mm °C mini : .... °C maxi : .... Pression : .... hPa Temps : ....
Mardi 8 novembre St Geoffroy		Pluie : ...... mm Cumul : ...... mm °C mini : .... °C maxi : .... Pression : .... hPa Temps : ....
Mercredi 9 novembre St Théodore		Pluie : ...... mm Cumul : ...... mm °C mini : .... °C maxi : .... Pression : .... hPa Temps : ....
Jeudi 10 novembre St Léon		Pluie : ...... mm Cumul : ...... mm °C mini : .... °C maxi : .... Pression : .... hPa Temps : ....
Vendredi 11 novembre Armistice 1918		Pluie : ...... mm Cumul : ...... mm °C mini : .... °C maxi : .... Pression : .... hPa Temps : ....
Samedi 12 novembre St Christian		Pluie : ...... mm Cumul : ...... mm °C mini : .... °C maxi : .... Pression : .... hPa Temps : ....
Dimanche 13 novembre St Brice		Pluie : ...... mm Cumul : ...... mm °C mini : .... °C maxi : .... Pression : .... hPa Temps : ....

« À la Saint-Brice, le temps sera celui du jour de l'An. »

♈ Bélier ♉ Taureau ♊ Gémeaux ♋ Cancer ♌ Lion ♍ Vierge ♎ Balance ♏ Scorpion ♐ Sagittaire ♑ Capricorne ♒ Verseau ♓ Poissons

Date	Lune	Lever / coucher	Jour	Zodiaque	Travaux au jardin
Lundi 14 novembre	A à 7 h 39	21 h 42 / 13 h 38		♊ · 8 h 23 · ♋	➤ Déterrez et jetez les annuelles. ⚠ **Lundi, ne jardinez pas avant 12 h 45.** ➤ Procédez à la dernière tonte de votre gazon, sans le tondre à ras afin de l'aider à passer l'hiver. Vous pouvez laisser les déchets de tonte en place en utilisant le dispositif à mulch ou en croisant vos passages.
Mardi 15 novembre		22 h 50 / 14 h 06		· 23 h 30 ·	
Mercredi 16 novembre	Premier quartier à 14 h 27	- / 14 h 30		♌	➤ Vous pouvez commencer la plantation des fruitiers pour une reprise optimale. Préparez les trous de plantation en mélangeant la terre extraite avec du terreau ou du compost. Ameublissez le fond à la fourche-bêche. Si votre terre est pauvre, vous pouvez utilement incorporer de la corne broyée. Les trous de plantation doivent avoir environ 50 cm de profondeur et de largeur. ➤ Pour un fruitier à racines nues, taillez les racines cassées ou blessées, trempez les autres dans une boue de pralinage (pendant 30 minutes) composée d'eau, de fumier, de terreau et de terre de jardin. La reprise n'en sera que meilleure. Installez les racines dans le trou, rebouchez. Le bourrelet de greffe doit demeurer hors sol.
Jeudi 17 novembre	lune descendante	0 h / 14 h 47			
Vendredi 18 novembre		1 h 10 / 15 h 04		· 21 h 36 ·	
Samedi 19 novembre		2 h 20 / 15 h 19		♍	➤ Dans le Midi, plantez de l'ail, de préférence blanc ('Blanc de la Drôme') ou violet ('Violet de Cadours'). Réservez l'ail rose aux plantations de fin d'hiver. Plantez aussi de l'échalote grise en terre anciennement fumée, ameublie, légère et bien drainée. Espacez les rangs de 25 cm et les plants de 15 cm sur la ligne. Ne les enfoncez pas à plus de 2 cm, pointes en l'air. N'arrosez pas après la plantation. La récolte s'effectuera vers mai ou juin prochains.
Dimanche 20 novembre		3 h 33 / 15 h 34			

Ne pas oublier : pour avoir du persil frais tout l'hiver, prélevez quelques touffes dans le carré d'herbes aromatiques et mettez-les en pot.

Date	Notes :	Météo :
Lundi 14 novembre St Sidoine		Pluie : ...... mm Cumul : ...... mm °C mini : .... °C maxi : .... Pression : .... hPa Temps : ....
Mardi 15 novembre St Albert		Pluie : ...... mm Cumul : ...... mm °C mini : .... °C maxi : .... Pression : .... hPa Temps : ....
Mercredi 16 novembre Ste Marguerite		Pluie : ...... mm Cumul : ...... mm °C mini : .... °C maxi : .... Pression : .... hPa Temps : ....
Jeudi 17 novembre Ste Élisabeth		Pluie : ...... mm Cumul : ...... mm °C mini : .... °C maxi : .... Pression : .... hPa Temps : ....
Vendredi 18 novembre Ste Aude		Pluie : ...... mm Cumul : ...... mm °C mini : .... °C maxi : .... Pression : .... hPa Temps : ....
Samedi 19 novembre St Tanguy		Pluie : ...... mm Cumul : ...... mm °C mini : .... °C maxi : .... Pression : .... hPa Temps : ....
Dimanche 20 novembre St Edmond		Pluie : ...... mm Cumul : ...... mm °C mini : .... °C maxi : .... Pression : .... hPa Temps : ....

« Gelée de novembre mange l'herbe tendre. »

♈ Bélier ♉ Taureau ♊ Gémeaux ♋ Cancer ♌ Lion ♍ Vierge ♎ Balance ♏ Scorpion ♐ Sagittaire ♑ Capricorne ♒ Verseau ♓ Poissons

Date	Lune	Lever / coucher	Zodiaque
Lundi 21 novembre	lune descendante	4 h 48 / 15 h 51	♍
Mardi 22 novembre	ND à 17 h 23 — lune descendante	6 h 07 / 16 h 10	8 h 02 ♎
Mercredi 23 novembre	à 23 h 57 — lune descendante	7 h 31 / 16 h 35	20 h 44 ♏
Jeudi 24 novembre	lune descendante	8 h 57 / 17 h 09	
Vendredi 25 novembre	lune descendante	10 h 20 / 17 h 56	16 h 56 ♐
Samedi 26 novembre	P à 2 h 31 — lune descendante jusqu'à 9h32, puis lune montante	11 h 33 / 19 h 00	
Dimanche 27 novembre	lune montante	12 h 28 / 20 h 17	21 h 22 ♑

Travaux au jardin

- C'est le moment de récolter les poireaux, les panais, les salsifis, les scorsonères, le raifort, les topinambours, les rutabagas et les crosnes au fur et à mesure de vos besoins. Tous ces légumes peuvent rester en terre. Paillez abondamment le sol pour continuer à pouvoir arracher ces légumes-racines lorsqu'il gèlera.

⚠ **Mardi, ne jardinez plus après 12 h 15.**

- Raccourcissez les rosiers arbustifs. En la taillant en hiver, la plante bénéficiera d'une floraison plus généreuse, car les fleurs des arbustes à floraison estivale se développent sur les pousses qui démarrent au printemps. Cette taille permet également d'entretenir le rosier en supprimant les rameaux chétifs et les branches mortes.

- Installez des haies de troènes, d'éléagnus, de charmes ou de hêtres.
- Plantez les arbustes d'ornement caduques.
- Plantez les grimpantes, vignes vierges et lierres devant un support adéquat déjà existant (treillage, pergola, arche, clôture, grillage…).

- En lune descendante, plantez des fruitiers en n'enterrant pas le point de greffe. Arrosez généreusement, installez un tuteur dès la plantation sans l'enfoncer trop près du tronc.

⚠ **Samedi, ne jardinez pas avant 7 h 35.**

- En lune montante, et dans le Midi, récoltez les olives si elles n'étaient pas mûres auparavant. Même si les régions méditerranéennes comptent des centaines de millions d'arbres, l'olivier peut être installé – moyennant certaines précautions – en d'autres régions, même au nord de la Loire. Il fera alors un magnifique arbre d'ornement.

- Dégermez les pommes de terre.

Ne pas oublier : nettoyez et remettez en état les nichoirs à oiseaux.

Date	Notes :	Météo :
Lundi 21 novembre Prés. de Marie		Pluie : ...... mm Cumul : ...... mm °C mini : .... °C maxi : .... Pression : .... hPa Temps : ....
Mardi 22 novembre Ste Cécile		Pluie : ...... mm Cumul : ...... mm °C mini : .... °C maxi : .... Pression : .... hPa Temps : ....
Mercredi 23 novembre St Clément		Pluie : ...... mm Cumul : ...... mm °C mini : .... °C maxi : .... Pression : .... hPa Temps : ....
Jeudi 24 novembre Ste Flora		Pluie : ...... mm Cumul : ...... mm °C mini : .... °C maxi : .... Pression : .... hPa Temps : ....
Vendredi 25 novembre Ste Catherine		Pluie : ...... mm Cumul : ...... mm °C mini : .... °C maxi : .... Pression : .... hPa Temps : ....
Samedi 26 novembre Ste Delphine		Pluie : ...... mm Cumul : ...... mm °C mini : .... °C maxi : .... Pression : .... hPa Temps : ....
Dimanche 27 novembre St Séverin		Pluie : ...... mm Cumul : ...... mm °C mini : .... °C maxi : .... Pression : .... hPa Temps : ....

« À la Sainte-Catherine, tout bois prend racine. »

♈ Bélier ♉ Taureau ♊ Gémeaux ♋ Cancer ♌ Lion ♍ Vierge ♎ Balance ♏ Scorpion ♐ Sagittaire ♑ Capricorne ♒ Verseau ♓ Poissons

Date	Lune	Lever coucher	Jour	Zodiaque	Travaux au jardin
Lundi 28 novembre	Lune montante	13 h 08 21 h 42	Racine	♑	Dégermez les pommes de terre et vérifiez attentivement l'état de vos légumes mis en silos. Retirez tous ceux qui s'abîment et renforcez les protections si cela s'avère nécessaire. Arrachez les légumes pouvant rester au jardin au fur et à mesure des besoins. Contre un mur bien exposé, installez une bonne couche de compost inclinée pour mieux profiter du soleil. Recouvrez d'une vitre.
Mardi 29 novembre	Lune montante	13 h 38 23 h 06	Fleur (à partir de 18 h 23)	18 h 23 ♒	À la maison, soignez les plantes à fleurs. Placez une couche de billes d'argile dans les soucoupes, versez 2 à 3 cm d'eau et posez les pots dessus. L'air sera plus humide sans risquer de faire pourrir les racines. À la maison toujours, vous pouvez essayer des semis de bégonias et de pélargoniums. Ces derniers sont très faciles à cultiver, même s'ils redoutent le froid. Au niveau de l'entretien, ils exigent un bon ensoleillement, un nettoyage régulier des feuilles et des fleurs fanées, un apport régulier d'engrais et un arrosage hebdomadaire. Ils peuvent être installés isolément en pot ou être regroupés avec d'autres plantes, en jardinière.
Mercredi 30 novembre	Premier quartier à 15 h 36	14 h 00 –			
Jeudi 1er décembre	Lune montante	14 h 17 0 h 26			
Vendredi 2 décembre	Lune montante	14 h 33 1 h 45	Feuille (à partir de 1 h 36)	1 h 36 ♓	Enfouissez l'engrais vert (phacélie, moutarde). Broyez-le s'il n'a pas été suffisamment blanchi par le gel. Laissez le seigle en place : vous le faucherez à la fin du mois de janvier ou au début de février en le laissant sur place pendant trois semaines avant de l'incorporer au sol. À la maison, au chaud, en pot ou en terrine, semez des pépins d'orange, de citron ou de kumquat afin d'obtenir de jolies plantes vertes à l'allure exotique. Dans un germoir, faites germer du soja, des lentilles et des pois chiches. Ces jeunes pousses vous apporteront non seulement de la saveur, mais aussi des vitamines et des minéraux.
Samedi 3 décembre	Lune montante	14 h 49 2 h 59			
Dimanche 4 décembre	Lune montante	15 h 05 4 h 13	Fruit (à partir de 13 h 55)	13 h 55 ♈	Dans le Midi, récoltez les olives de table ainsi que les olives à huile.

Ne pas oublier : ratissez les dernières feuilles mortes sur la pelouse.

Date	Notes :	Météo :
Lundi 28 novembre St J. de la Marche		Pluie : ...... mm Cumul : ...... mm °C mini : .... °C maxi : .... Pression : .... hPa Temps : ....
Mardi 29 novembre St Saturnin		Pluie : ...... mm Cumul : ...... mm °C mini : .... °C maxi : .... Pression : .... hPa Temps : ....
Mercredi 30 novembre St André		Pluie : ...... mm Cumul : ...... mm °C mini : .... °C maxi : .... Pression : .... hPa Temps : ....
Jeudi 1er décembre Ste Florence		Pluie : ...... mm Cumul : ...... mm °C mini : .... °C maxi : .... Pression : .... hPa Temps : ....
Vendredi 2 décembre Ste Viviane		Pluie : ...... mm Cumul : ...... mm °C mini : .... °C maxi : .... Pression : .... hPa Temps : ....
Samedi 3 décembre S^t Fr.-Xavier		Pluie : ...... mm Cumul : ...... mm °C mini : .... °C maxi : .... Pression : .... hPa Temps : ....
Dimanche 4 décembre Ste Barbara		Pluie : ...... mm Cumul : ...... mm °C mini : .... °C maxi : .... Pression : .... hPa Temps : ....

« Décembre prend et ne rend. »

♈ Bélier ♉ Taureau ♊ Gémeaux ♋ Cancer ♌ Lion ♍ Vierge ♎ Balance ♏ Scorpion ♐ Sagittaire ♑ Capricorne ♒ Verseau ♓ Poissons

Date	Lune	Lever coucher	Jour	Zodiaque	Travaux au jardin
Lundi 5 décembre	NA à 13 h 37 – lune montante	15 h 24 / 5 h 27		♈	**⚠ Lundi, ne jardinez pas entre 8 h 35 et 18 h 40.** » Stratifiez les pépins de pommes et de poires, en les plaçant dans un pot rempli de sable. Enterrez au pied d'un mur exposé au nord. Vous obtiendrez ainsi des porte-greffes.
Mardi 6 décembre	lune montante	15 h 45 / 6 h 40		12 h 37 ♉	» Prélevez les drageons sur les chrysanthèmes. Ces éclats de souche replantés dans un pot donneront un nouveau chrysanthème. » Déplantez les arbres que vous voulez déplacer. Mettez-les en jauge pour les replanter le mois prochain. » Contre un mur bien exposé, installez une bonne couche de compost inclinée pour profiter au maximum du soleil. Recouvrez d'une vitre. Dans cette côtière, semez des carottes courtes de type à forcer et des radis de tous les mois. » Période creuse au jardin ! Faites le plan de votre potager pour l'an prochain en tenant compte de la rotation des cultures ainsi que des bonnes associations de plantes.
Mercredi 7 décembre	lune montante	16 h 12 / 7 h 53			
Jeudi 8 décembre	○ à 5 h 08 – lune montante	16 h 48 / 9 h 02			
Vendredi 9 décembre	lune montante jusqu'à 22 h 26, puis lune descendante	17 h 33 / 10 h 03		9 h 49 ♊	» En lune montante et en climat océanique, vous pouvez maintenant tenter un petit semis de choux-fleurs dans une terrine placée au chaud. Ils seront à repiquer au printemps prochain pour une récolte estivale. » En lune descendante, à condition qu'il ne gèle pas, plantez les rosiers et les arbustes à fleurs vendus à racines nues. » Plantez des chrysanthèmes à fleurs simples, des pivoines et des hémérocalles. » Buttez les jeunes rosiers au-dessus du point de greffe. » Déterrez et jetez les annuelles.
Samedi 10 décembre	lune descendante	18 h 27 / 10 h 55			
Dimanche 11 décembre	lune descendante	19 h 30 / 11 h 37		15 h 47 ♋	» Protégez les pieds des cardons avec de la paille.

Ne pas oublier : nettoyez le jardin de tout ce qui est mort, sec ou abîmé.

Date	Notes :	Météo :
Lundi 5 décembre St Gérald		Pluie : …… mm Cumul : …… mm °C mini : …… °C maxi : …… Pression : …… hPa Temps : ……
Mardi 6 décembre St Nicolas		Pluie : …… mm Cumul : …… mm °C mini : …… °C maxi : …… Pression : …… hPa Temps : ……
Mercredi 7 décembre St Ambroise		Pluie : …… mm Cumul : …… mm °C mini : …… °C maxi : …… Pression : …… hPa Temps : ……
Jeudi 8 décembre Imm. Conception		Pluie : …… mm Cumul : …… mm °C mini : …… °C maxi : …… Pression : …… hPa Temps : ……
Vendredi 9 décembre St Pierre Fourier		Pluie : …… mm Cumul : …… mm °C mini : …… °C maxi : …… Pression : …… hPa Temps : ……
Samedi 10 décembre St Romaric		Pluie : …… mm Cumul : …… mm °C mini : …… °C maxi : …… Pression : …… hPa Temps : ……
Dimanche 11 décembre St Daniel		Pluie : …… mm Cumul : …… mm °C mini : …… °C maxi : …… Pression : …… hPa Temps : ……

« En décembre, journée courte et longue nuit. »

♈ Bélier ♉ Taureau ♊ Gémeaux ♋ Cancer ♌ Lion ♍ Vierge ♎ Balance ♏ Scorpion ♐ Sagittaire ♑ Capricorne ♒ Verseau ♓ Poissons

Date	Lune	Lever / coucher	Zodiaque
Lundi 12 décembre	A à 1 h 28	20 h 36 / 12 h 08	♋
Mardi 13 décembre		21 h 46 / 12 h 32	7 h 02 ♌
Mercredi 14 décembre		22 h 54 / 12 h 52	
Jeudi 15 décembre		– / 13 h 09	
Vendredi 16 décembre	◐ à 9 h 56	0 h 03 / 13 h 24	6 h 14 ♍
Samedi 17 décembre		1 h 13 / 13 h 38	
Dimanche 18 décembre		2 h 24 / 13 h 53	

Lune descendante

Travaux au jardin

⚠ Lundi, ne jardinez pas avant 6 h 30.

- C'est une bonne journée pour planter des haies. Elles enrichiront et embelliront votre jardin tout en vous protégeant naturellement du vent et efficacement du regard parfois fort indiscret des voisins.

- Plantez des fruitiers en arrosant généreusement, même s'il pleut. Prévoyez une plantation un peu surélevée pour anticiper le tassement inévitable de la terre au fil des mois. Le point de greffe ne doit jamais être enterré, car cela entraînerait le développement de gourmands du porte-greffe, qui accapareraient la sève. Les racines des plants à racines nues seront pralinées avec de la terre argileuse qui servira aussi à protéger le jeune tronc.
- Taillez les fruitiers de plein vent. Coupez les gourmands. Aérez la ramure en ôtant les branches âgées moins productives. Brossez les troncs pour enlever les mousses et les lichens. Brûlez-les. Apportez du compost ainsi qu'un engrais à décomposition lente à l'aplomb des ramures, en ouvrant des trous à la barre à mine.

- Continuez le travail des sols lourds, sans casser les mottes, car le gel s'en chargera. Au printemps, vous n'aurez plus qu'à affiner et à aplatir la terre.
- Dégermez vos pommes de terre et retirez les tubercules abîmés. Selon vos besoins, récoltez les crosnes, les salsifis, les topinambours, les panais, le raifort,... Conservez quelques beaux pieds de crosnes, de topinambours et de raifort pour redémarrer la culture au printemps prochain.
- Dans les régions bénéficiant d'un climat doux, plantez de l'ail blanc et violet sur une parcelle non fumée récemment.

Ne pas oublier : triez les graines en jetant celles qui seront périmées l'an prochain.

Date	Notes :	Météo :
Lundi 12 décembre SJ.-F. de Chantal		Pluie : ...... mm Cumul : ...... mm °C mini : .... °C maxi : .... Pression : .... hPa Temps : ....
Mardi 13 décembre Ste Lucie		Pluie : ...... mm Cumul : ...... mm °C mini : .... °C maxi : .... Pression : .... hPa Temps : ....
Mercredi 14 décembre Ste Odile		Pluie : ...... mm Cumul : ...... mm °C mini : .... °C maxi : .... Pression : .... hPa Temps : ....
Jeudi 15 décembre Ste Ninon		Pluie : ...... mm Cumul : ...... mm °C mini : .... °C maxi : .... Pression : .... hPa Temps : ....
Vendredi 16 décembre Ste Alice		Pluie : ...... mm Cumul : ...... mm °C mini : .... °C maxi : .... Pression : .... hPa Temps : ....
Samedi 17 décembre St Gaël		Pluie : ...... mm Cumul : ...... mm °C mini : .... °C maxi : .... Pression : .... hPa Temps : ....
Dimanche 18 décembre St Gatien		Pluie : ...... mm Cumul : ...... mm °C mini : .... °C maxi : .... Pression : .... hPa Temps : ....

« Neige de décembre est engrais pour la terre. »

♈ Bélier ♉ Taureau ♊ Gémeaux ♋ Cancer ♌ Lion ♍ Vierge ♎ Balance ♏ Scorpion ♐ Sagittaire ♑ Capricorne ♒ Verseau ♓ Poissons

Date	Lune	Lever / coucher	Zodiaque	Travaux au jardin
Lundi 19 décembre	▼ lune descendante	3 h 39 / 14 h 11	♍ ; 18 h 38 ♎	Selon vos besoins, récoltez les crosnes, les salsifis, les topinambours. Procédez à la « taille de Noël » des rosiers en coupant les tiges à une hauteur d'environ 50 cm. Vous pouvez aussi tailler les rosiers grimpants.
Mardi 20 décembre	▼ ND à 2 h 34	4 h 59 / 14 h 32		**Mardi, ne jardinez pas avant 7 h 35.** Hors période de gel, plantez des arbustes à fleurs ainsi que des rosiers à racines nues. Vous pralinerez les racines au moment de la plantation pour assurer une meilleure reprise.
Mercredi 21 décembre Solstice d'hiver	▼	6 h 23 / 15 h 01	7 h 42 ♏	Par temps doux, élaguez les grands arbres caducs tout en veillant à respecter leur silhouette. Curetez les suçoirs du gui. Mastiquez les plaies et les coupes qui ont un diamètre supérieur à 5 cm. Utilisez une scie d'élagage (mais surtout pas de tronçonneuse !) ainsi qu'un bon couteau pour enlever les ébarbures. Pour supprimer une partie de branche, coupez juste au-dessus d'un œil ou d'une pousse latérale.
Jeudi 22 décembre	▼	7 h 49 / 15 h 42		
Vendredi 23 décembre	▼ ● à 11 h 16 ; lune descendante jusqu'à 19 h 21	9 h 09 / 16 h 38	3 h 34 ♐	En lune descendante, plantez des fruitiers en arrosant généreusement même en cas de pluie. Pour anticiper le tassement de la terre au fil des mois, prévoyez une plantation un peu surélevée. En lune montante et s'il ne gèle pas, prélevez les greffons sur les variétés fruitières multipliées au printemps dernier. Coupez des rameaux sains de 30 à 40 cm de long, avec des yeux bien formés. Liez-les en bottes en identifiant les variétés et enterrez-les à moitié au pied d'un mur orienté au nord.
Samedi 24 décembre	▲ P à 9 h 26 ; lune montante	10 h 14 / 17 h 52		**Samedi, ne jardinez pas avant 14 h 30.**
Dimanche 25 décembre	▲ lune montante	11 h 03 / 19 h 17	6 h 34 ♑	C'est le moment de terminer le plan de votre futur potager, de déterminer les semences nécessaires à vos prochaines cultures et de les acheter.

Ne pas oublier : aérez toutes les cultures sous châssis, tunnels et voile d'hivernage pour limiter la condensation.

Date	Notes :	Météo :
Lundi 19 décembre St Urbain		Pluie : ...... mm Cumul : ...... mm °C mini : .... °C maxi : .... Pression : .... hPa Temps : ....
Mardi 20 décembre St Théophile		Pluie : ...... mm Cumul : ...... mm °C mini : .... °C maxi : .... Pression : .... hPa Temps : ....
Mercredi 21 décembre Hiver		Pluie : ...... mm Cumul : ...... mm °C mini : .... °C maxi : .... Pression : .... hPa Temps : ....
Jeudi 22 décembre S^te Fr.-Xavière		Pluie : ...... mm Cumul : ...... mm °C mini : .... °C maxi : .... Pression : .... hPa Temps : ....
Vendredi 23 décembre St Armand		Pluie : ...... mm Cumul : ...... mm °C mini : .... °C maxi : .... Pression : .... hPa Temps : ....
Samedi 24 décembre Ste Adèle		Pluie : ...... mm Cumul : ...... mm °C mini : .... °C maxi : .... Pression : .... hPa Temps : ....
Dimanche 25 décembre Noël		Pluie : ...... mm Cumul : ...... mm °C mini : .... °C maxi : .... Pression : .... hPa Temps : ....

« Noël au balcon, Pâques au tison. »

♈ Bélier ♉ Taureau ♊ Gémeaux ♋ Cancer ♌ Lion ♍ Vierge ♎ Balance ♏ Scorpion ♐ Sagittaire ♑ Capricorne ♒ Verseau ♓ Poissons

Date	Lune	Lever coucher	Jour	Zodiaque	Travaux au jardin
Lundi 26 décembre	lune montante	11 h 38 20 h 45	racine	♑	Faites soigneusement le tri dans vos graines de légumes-racines (carottes, navets, radis). Jetez sans le moindre regret toutes celles qui ont dépassé la date limite.
Mardi 27 décembre	lune montante	12 h 03 22 h 11	fleur	2 h 02 ♒	Sauf s'il gèle, plantez maintenant des arbustes à fleurs ainsi que des rosiers à racines nues. Pralinez les racines pour assurer une meilleure reprise. À la maison, vous pouvez essayer des semis de bégonias et de pélargoniums. Ils présentent l'avantage d'être très faciles à cultiver, même s'ils redoutent le froid. Ils exigent un bon ensoleillement, un nettoyage régulier des feuilles et des fleurs fanées, un apport régulier d'engrais et un arrosage hebdomadaire.
Mercredi 28 décembre	lune montante	12 h 23 23 h 32			
Jeudi 29 décembre	lune montante	12 h 40 –	feuille	7 h 44 ♓	Semez du pourpier ou du cresson alénois à la maison ou dans la véranda, en terrines, en dispersant bien les graines. Couvrez-les légèrement et tassez à l'aide d'une petite planchette. Humidifiez et placez à la lumière, en veillant toutefois à éviter le soleil direct. Vous pouvez également tenter quelques petits semis de laitues rustiques dans la véranda, si la température y atteint 15 °C dans le courant de l'après-midi. Récoltez les choux de Bruxelles, les laitues, les épinards ainsi que la mâche. Au chaud, en terrine ou en pot, vous pouvez aussi semer des pépins d'agrumes : oranges, citrons, kumquats…
Vendredi 30 décembre	lune montante Premier quartier à 2 h 20	12 h 56 0 h 49			
Samedi 31 décembre	lune montante	13 h 12 2 h 04			
Dimanche 1er janvier	lune montante NA à 16 h 24	13 h 29 3 h 18	fruit	10 h 26 ♈	Stratifiez les pépins des pommes et des poirées en les plaçant dans un pot rempli de sable. Enterrez au pied d'un mur exposé au nord. Vous obtiendrez ainsi des porte-greffes.

Ne pas oublier : il ne faut jamais enterrer la neige. Il ne faut donc jamais bêcher par temps de neige.

Date	Notes :	Météo :
Lundi 26 décembre St Étienne		Pluie : ...... mm Cumul : ...... mm °C mini : .... °C maxi : .... Pression : .... hPa Temps : ....
Mardi 27 décembre St Jean		Pluie : ...... mm Cumul : ...... mm °C mini : .... °C maxi : .... Pression : .... hPa Temps : ....
Mercredi 28 décembre Sts Innocents		Pluie : ...... mm Cumul : ...... mm °C mini : .... °C maxi : .... Pression : .... hPa Temps : ....
Jeudi 29 décembre St David		Pluie : ...... mm Cumul : ...... mm °C mini : .... °C maxi : .... Pression : .... hPa Temps : ....
Vendredi 30 décembre St Roger		Pluie : ...... mm Cumul : ...... mm °C mini : .... °C maxi : .... Pression : .... hPa Temps : ....
Samedi 31 décembre St Sylvestre		Pluie : ...... mm Cumul : ...... mm °C mini : .... °C maxi : .... Pression : .... hPa Temps : ....
Dimanche 1er janvier Jour de l'An		Pluie : ...... mm Cumul : ...... mm °C mini : .... °C maxi : .... Pression : .... hPa Temps : ....

« Jour de l'An beau, mois d'août très chaud. »

♈ Bélier ♉ Taureau ♊ Gémeaux ♋ Cancer ♌ Lion ♍ Vierge ♎ Balance ♏ Scorpion ♐ Sagittaire ♑ Capricorne ♒ Verseau ♓ Poissons

Date	Lune	Lever coucher	Jour	Zodiaque	Travaux au jardin
Lundi 2 janvier	lune montante	13 h 50 / 4 h 30		♈ (–18 h 30)	S'il ne gèle pas, semez, en rangs espacés de 30 cm, les fèves de Séville.
Mardi 3 janvier	lune montante	14 h 15 / 5 h 43		♉	Dans les régions bénéficiant d'un climat doux, vous pouvez tenter un petit semis de carottes (races à forcer) mélangées à des radis, sous un châssis. N'oubliez surtout pas d'aérer aussi souvent que possible et de maintenir le sol frais. Sous châssis ou sous tunnel, semez des oignons blancs espacés d'une vingtaine de centimètres. Ils feront de délicieux petits oignons à confire en mars prochain. Vous pourrez retirer leur protection dans environ un mois. Au chaud, semez des navets en sillons distants de 20 cm. Maintenez le sol frais et binez régulièrement. Triez vos graines de racines, en particulier les radis, les navets et les carottes. Jetez celles qui ont dépassé la date limite.
Mercredi 4 janvier	lune montante	14 h 47 / 6 h 52			
Jeudi 5 janvier	lune montante	15 h 29 / 7 h 56		♊ (–16 h 16)	Si vous avez précédemment semé au chaud des choux-fleurs, éclaircissez-les. Vous pourrez les repiquer au printemps. L'objectif essentiel du repiquage est de donner plus d'espace aux végétaux, de manière à ce qu'ils ne se touchent plus. Cela renforce bien entendu les jeunes pousses. Trois semaines après la levée des graines de pois et fèves, ramenez la terre des entre-rangs contre les plants. Montez un monticule de terre d'environ 10 cm de chaque côté des rangs. Le buttage favorise l'ancrage de cultures et augmente leur résistance. Vous pouvez aussi biner vos fèves ainsi que les pois semés au cours de l'automne dernier.
Vendredi 6 janvier	lune montante jusqu'à 4h10, puis lune descendante	16 h 20 / 8 h 51			
Samedi 7 janvier	lune descendante; pleine lune à 0 h 07	17 h 20 / 9 h 35			
Dimanche 8 janvier	lune descendante; A à 10 h 19	18 h 26 / 10 h 09		♋ (–22 h 21)	**Dimanche, ne jardinez pas entre 5 h 20 et 15 h 20.** Si vous avez cultivé du pissenlit ou de la barbe de capucin, blanchissez un ou deux plants à la fois. Le pissenlit est non seulement très intéressant en cuisine, mais il s'agit aussi d'une excellente plante médicinale.

Ne pas oublier : préparez l'emplacement destiné à accueillir un carré d'herbes aromatiques.

Date	Notes :	Météo :
Lundi 2 janvier St Basile		Pluie : ...... mm Cumul : ...... mm °C mini : .... °C maxi : .... Pression : .... hPa Temps : ....
Mardi 3 janvier Ste Geneviève		Pluie : ...... mm Cumul : ...... mm °C mini : .... °C maxi : .... Pression : .... hPa Temps : ....
Mercredi 4 janvier St Odilon		Pluie : ...... mm Cumul : ...... mm °C mini : .... °C maxi : .... Pression : .... hPa Temps : ....
Jeudi 5 janvier St Edouard		Pluie : ...... mm Cumul : ...... mm °C mini : .... °C maxi : .... Pression : .... hPa Temps : ....
Vendredi 6 janvier Ste Mélaine		Pluie : ...... mm Cumul : ...... mm °C mini : .... °C maxi : .... Pression : .... hPa Temps : ....
Samedi 7 janvier St Raymond		Pluie : ...... mm Cumul : ...... mm °C mini : .... °C maxi : .... Pression : .... hPa Temps : ....
Dimanche 8 janvier Epiphanie		Pluie : ...... mm Cumul : ...... mm °C mini : .... °C maxi : .... Pression : .... hPa Temps : ....

« Gelées en janvier, blé au grenier. »

♈ Bélier ♉ Taureau ♊ Gémeaux ♋ Cancer ♌ Lion ♍ Vierge ♎ Balance ♏ Scorpion ♐ Sagittaire ♑ Capricorne ♒ Verseau ♓ Poissons

Date	Lune	Lever / coucher	Jour	Zodiaque
Lundi 9 janvier	lune descendante	19 h 35 / 10 h 36	 	♋ 13 h 36 ♌
Mardi 10 janvier	lune descendante	20 h 43 / 10 h 57		♌
Mercredi 11 janvier	lune descendante	21 h 52 / 11 h 14		♌
Jeudi 12 janvier	lune descendante	23 h 00 / 11 h 30		13 h 19 ♍
Vendredi 13 janvier	lune descendante	– / 11 h 44		♍
Samedi 14 janvier	lune descendante	0 h 09 / 11 h 58		♍
Dimanche 15 janvier	lune descendante, ◐ à 3 h 10	1 h 20 / 12 h 13		♍

Travaux au jardin

- Continuez le forçage des endives en les plaçant dans un local tempéré.

- Protégez une partie de vos fraisiers au moyen d'un tunnel : ceci hâtera la récolte.
- Si vos framboisiers n'ont donné qu'une maigre récolte, il faut replanter les plus beaux pieds ailleurs. Répandez autour un paillis d'écorces.
- Semez les fèves de 'Séville à longue cosse' ou les fèves 'd'Aguadulce à très longue cosse', à une distance de 10 cm, en rangs espacés de 30 à 40 cm et à 5 cm de profondeur. Rebouchez et tassez. Binez quelques jours après la levée. Ces deux variétés de fèves sont très hâtives et productives.
- En caissette, semez les aubergines 'de Barbentane', 'Blanche ronde à œuf', ainsi que les piments et poivrons 'Jalapeno', 'de Cayenne', 'Doux d'Espagne', 'de Bresse' et 'Corne de taureau rouge'. Posez une vitre. Tournez-la tous les jours pour limiter la condensation.

- Dans le Midi, récoltez maintenant les topinambours, les salsifis, les betteraves, les panais et les carottes. Conservez quelques beaux pieds afin de redémarrer la culture au printemps prochain.
- Dans les régions bénéficiant d'un climat doux, en sol léger et bien drainé, plantez l'ail blanc 'Messidrome' et 'Thermidrome', l'ail violet 'Germidour' ou l'ail rose 'Fructidor'. Séparez les caïeux et conservez les plus beaux du pourtour. Placez-les dans des sillons distants d'une vingtaine de centimètres, tous les 10 à 12 cm, pointe vers le dessus. Ne les enterrez pas profondément et n'arrosez pas. La récolte est prévue dans le courant du mois de juillet.
- Installez les échalotes longues 'Jemor', 'Longor' et 'Mikor' en les espaçant de 15 cm. Vous les récolterez au mois de juillet.
- Amendez un sol argileux avec du sable et/ou de la tourbe. Par temps sec, préparez le sol argileux par bêchage et sans retournement pour les autres types de sols.

Ne pas oublier : aérez toutes les cultures protégées par des tunnels, des châssis ou des voiles d'hivernage. Cela limitera la condensation propice au pourrissement.

Date	Notes :	Météo :
Lundi 9 janvier Ste Alix		Pluie : ...... mm Cumul : ...... mm °C mini : .... °C maxi : .... Pression : .... hPa Temps : ....
Mardi 10 janvier St Guillaume		Pluie : ...... mm Cumul : ...... mm °C mini : .... °C maxi : .... Pression : .... hPa Temps : ....
Mercredi 11 janvier Ste Pauline		Pluie : ...... mm Cumul : ...... mm °C mini : .... °C maxi : .... Pression : .... hPa Temps : ....
Jeudi 12 janvier Ste Tatiana		Pluie : ...... mm Cumul : ...... mm °C mini : .... °C maxi : .... Pression : .... hPa Temps : ....
Vendredi 13 janvier Ste Yvette		Pluie : ...... mm Cumul : ...... mm °C mini : .... °C maxi : .... Pression : .... hPa Temps : ....
Samedi 14 janvier Ste Nina		Pluie : ...... mm Cumul : ...... mm °C mini : .... °C maxi : .... Pression : .... hPa Temps : ....
Dimanche 15 janvier St Rémi		Pluie : ...... mm Cumul : ...... mm °C mini : .... °C maxi : .... Pression : .... hPa Temps : ....

« Janvier d'eau chiche fait le paysan riche. »

♈ Bélier ♉ Taureau ♊ Gémeaux ♋ Cancer ♌ Lion ♍ Vierge ♎ Balance ♏ Scorpion ♐ Sagittaire ♑ Capricorne ♒ Verseau ♓ Poissons

Date	Lune	Lever coucher	Jour	Zodiaque
Lundi 16 janvier	ND à 7 h 32 — Lune descendante	2 h 35 / 12 h 32		3 h 53 ♎
Mardi 17 janvier	Lune descendante	3 h 55 / 12 h 56		18 h 06 ♏
Mercredi 18 janvier	Lune descendante	5 h 18 / 13 h 30		
Jeudi 19 janvier	Lune descendante	6 h 39 / 14 h 16		14 h 53 ♐
Vendredi 20 janvier	6h04 — Lune montante	7 h 53 / 15 h 21		
Samedi 21 janvier	à 21 h 53; P à 21 h 57 — Lune montante	8 h 50 / 16 h 41		17 h 52 ♑
Dimanche 22 janvier	Lune descendante	9 h 32 / 18 h 11		

Travaux au jardin

⚠ Lundi, ne jardinez pas avant 12 h 35.

- Éclaircissez les choux-fleurs qui ont été précédemment semés au chaud. Vous pourrez les repiquer au printemps prochain. Le but du repiquage est d'offrir plus d'espace aux végétaux. Cela renforce les jeunes pousses et favorise le développement de radicelles.
- Binez et désherbez les bandes florales qui se trouvent en bordure du potager.

- Forcez les endives : arrachez les plants, laissez ressuyer pour stopper la végétation à l'abri du gel et du soleil. Coupez les feuilles à 3 cm du collet et les racines à 20 cm. Remplissez à moitié une caisse de 30 cm de haut avec un mélange de terreau, de terre ou de tourbe. Disposez les racines en les enfonçant et en les serrant. Complétez le remplissage jusqu'au bord des collets, arrosez, recouvrez d'un plastique noir et mettez en cave (15 à 18 °C).

- En lune montante et hors période de gel, prélevez des greffons sur les fruitiers. Coupez des tronçons de 30 cm sur des rameaux de l'année précédente, vigoureux et sains. Rassemblez-les en petits fagots, identifiez soigneusement les variétés, puis mettez-les en jauge, dans une exposition nord, de préférence derrière un mur afin de retarder le bourgeonnement.
- Les jardiniers du Midi peuvent commencer à semer leurs tomates dans la maison ou dans un abri chauffé. Elles pourront être plantées au jardin à la fin du mois d'avril.

⚠ Samedi, ne jardinez plus après 16 h 50.

- Sous tunnel ou sous châssis, semez des oignons blancs en respectant un espacement de 20 cm. Ils feront des petits oignons à confire dans le courant du mois de mars prochain. Vous enlèverez la protection dans environ un mois.

Ne pas oublier : pour empêcher l'eau de votre bassin de geler, laissez-y flotter deux ballons.

Date	Notes :	Météo :
Lundi 16 janvier St Marcel		Pluie : ...... mm Cumul : ...... mm °C mini : .... °C maxi : .... Pression : .... hPa Temps : ....
Mardi 17 janvier Ste Roseline		Pluie : ...... mm Cumul : ...... mm °C mini : .... °C maxi : .... Pression : .... hPa Temps : ....
Mercredi 18 janvier Ste Prisca		Pluie : ...... mm Cumul : ...... mm °C mini : .... °C maxi : .... Pression : .... hPa Temps : ....
Jeudi 19 janvier St Marius		Pluie : ...... mm Cumul : ...... mm °C mini : .... °C maxi : .... Pression : .... hPa Temps : ....
Vendredi 20 janvier St Sébastien		Pluie : ...... mm Cumul : ...... mm °C mini : .... °C maxi : .... Pression : .... hPa Temps : ....
Samedi 21 janvier Ste Agnès		Pluie : ...... mm Cumul : ...... mm °C mini : .... °C maxi : .... Pression : .... hPa Temps : ....
Dimanche 22 janvier St Vincent		Pluie : ...... mm Cumul : ...... mm °C mini : .... °C maxi : .... Pression : .... hPa Temps : ....

« Janvier de givre, année de fruits. »

♈ Bélier ♉ Taureau ♊ Gémeaux ♋ Cancer ♌ Lion ♍ Vierge ♎ Balance ♏ Scorpion ♐ Sagittaire ♑ Capricorne ♒ Verseau ♓ Poissons

Date	Lune	Lever coucher	Jour	Zodiaque	Travaux au jardin
Lundi 23 janvier	Lune montante	10 h 02 19 h 42	Racine Fleur	♑ 12 h 22 ♒	En climat doux et sous châssis, effectuez un semis de carottes à forcer. Aérez et maintenez le sol frais. En terrine et au chaud (entre 15 et 18 °C), semez des choux-fleurs 'Nautilus', 'Siria' ou 'Sérac'. Éclaircissez les plants après la levée. Repiquez-les au chaud au mois de février. En avril, vous les planterez sous tunnel pour une récolte prévue entre mai et juillet. Dans les régions bénéficiant d'un climat doux, vous pouvez commencer la récolte des choux-fleurs d'automne. En cultivant différentes variétés, vous pouvez récolter des choux-fleurs quasiment toute l'année.
Mardi 24 janvier	Lune montante	10 h 25 21 h 08			
Mercredi 25 janvier	Lune montante	10 h 44 22 h 30	Feuilles	16 h 15 ♓	Au chaud (entre 12 et 15 °C), semez des laitues pommées 'Reine de mai', 'Gotte jaune d'or', 'Appia' ainsi que des laitues à couper 'Feuille de Chêne' et 'Red Salad Bowl'. Mettez-les en terrine en enterrant peu les graines. Tassez et arrosez. En échelonnant les semis, vous pouvez récolter des laitues toute l'année. Un seul impératif : utiliser des variétés parfaitement adaptées à chaque saison. Dès la germination, prenez la précaution d'éloigner les limaces, aérez souvent les châssis ou les tunnels, maintenez le sol frais et binez au pied des laitues. La fonte des semis fait disparaître des plants à la levée. Semez moins dru, aérez et arrosez avec modération.
Jeudi 26 janvier	Lune montante	11 h 00 23 h 49			
Vendredi 27 janvier	Lune montante	11 h 17 –			
Samedi 28 janvier	Premier quartier à 16 h 18 NA à 17 h 03	11 h 34 1 h 06	Fruit	0 h 18 ♈	**Samedi, ne jardinez pas après 12 h 00.** Bouturez les petits fruits (les groseilles, le cassis...). Si le temps est clément, vous pouvez les traiter à la bouillie bordelaise. En climat doux, commencez un semis de fèves. En climat plus rude, plantez-les sous tunnel. La récolte est prévue en juin.
Dimanche 29 janvier	Lune montante	11 h 54 2 h 20			

Ne pas oublier : si vous nourrissez les oiseaux, faites-le régulièrement

Date	Notes :	Météo :
Lundi 23 janvier St Barnard		Pluie : ...... mm Cumul : ...... mm °C mini : .... °C maxi : .... Pression : .... hPa Temps : ....
Mardi 24 janvier S^t Fr. de Sales		Pluie : ...... mm Cumul : ...... mm °C mini : .... °C maxi : .... Pression : .... hPa Temps : ....
Mercredi 25 janvier Conv. St Paul		Pluie : ...... mm Cumul : ...... mm °C mini : .... °C maxi : .... Pression : .... hPa Temps : ....
Jeudi 26 janvier Ste Paule		Pluie : ...... mm Cumul : ...... mm °C mini : .... °C maxi : .... Pression : .... hPa Temps : ....
Vendredi 27 janvier Ste Angèle		Pluie : ...... mm Cumul : ...... mm °C mini : .... °C maxi : .... Pression : .... hPa Temps : ....
Samedi 28 janvier St Thomas d'Aquin		Pluie : ...... mm Cumul : ...... mm °C mini : .... °C maxi : .... Pression : .... hPa Temps : ....
Dimanche 29 janvier St Gildas		Pluie : ...... mm Cumul : ...... mm °C mini : .... °C maxi : .... Pression : .... hPa Temps : ....

« Janvier sec et sage est bon présage. »

♈ Bélier ♉ Taureau ♊ Gémeaux ♋ Cancer ♌ Lion ♍ Vierge ♎ Balance ♏ Scorpion ♐ Sagittaire ♑ Capricorne ♒ Verseau ♓ Poissons

Date	Lune	Lever / coucher	Zodiaque
Lundi 30 janvier	Lune montante	12 h 17 / 3 h 34	0 h 30 ♉
Mardi 31 janvier	Lune montante	12 h 47 / 4 h 44	
Mercredi 1er février	Lune montante	13 h 26 / 5 h 50	22 h 13 ♊
Jeudi 2 février	9 h 16 – lune descendante	14 h 14 / 6 h 47	
Vendredi 3 février	Lune descendante	15 h 12 / 7 h 35	
Samedi 4 février	A à 9 h 54	16 h 16 / 8 h 12	4 h 29 ♋
Dimanche 5 février	à 19 h 28	17 h 25 / 8 h 40	19 h 45 ♌

Travaux au jardin

- Sauf en terre lourde, vous pouvez semer à 1 ou 2 cm de profondeur des oignons de couleur. Ils seront de taille modeste, mais de meilleure conservation.
- L'oignon rouge de Florence peut aussi se semer avec succès. Vous éclaircirez en laissant un plant tous les 20 cm.
- Sous abri, semez des navets 'Milan rouge', 'à Forcer nantais' ou 'Jaune boule d'or'. Protégez-les des limaces et éclaircissez les jeunes plants. La récolte s'effectuera au printemps prochain. Aérez aussi souvent que possible et maintenez le terreau frais.
- En climat doux et sous châssis, effectuez un semis de carottes à forcer. Aérez et maintenez le sol frais.

- Si vous avez semé au chaud des choux-fleurs, éclaircissez-les. Vous les repiquerez au printemps. Il est important de semer la variété correspondant à la saison : reportez-vous aux conseils mentionnés sur les sachets de graines.
- Toujours au chaud, repiquez les choux-fleurs semés précédemment. Pour le repiquage, comptez six semaines après le semis, lorsque les plants arborent quatre ou cinq feuilles. Humidifiez les plants juste avant de les repiquer, jusqu'à la première feuille afin de favoriser un bon enracinement. Les choux n'apprécient guère les terres acides, mais préfèrent les terres riches et humifères.

⚠ Samedi, ne jardinez pas avant 15 h 00.

- Préparez soigneusement le sol de votre future aspergeraie. Ouvrez des tranchées de 40 cm de large pour 25 cm de profondeur, tous les 80 cm. Labourez-en le fond. Pendant les deux premières années de plantation, évitez de cultiver une autre plante entre les rangs : cela épuise le sol au détriment de la croissance des griffes d'asperges.

- Installez les petits fruits (groseilles, framboises, cassis...).

Ne pas oublier : c'est le moment de porter votre tondeuse chez un spécialiste pour révision et entretien.

Date	Notes :	Météo :
Lundi 30 janvier Ste Martine		Pluie : ...... mm Cumul : ...... mm °C mini : .... °C maxi : .... Pression : .... hPa Temps : ....
Mardi 31 janvier Ste Marcelle		Pluie : ...... mm Cumul : ...... mm °C mini : .... °C maxi : .... Pression : .... hPa Temps : ....
Mercredi 1er février Ste Ella		Pluie : ...... mm Cumul : ...... mm °C mini : .... °C maxi : .... Pression : .... hPa Temps : ....
Jeudi 2 février Chandeleur		Pluie : ...... mm Cumul : ...... mm °C mini : .... °C maxi : .... Pression : .... hPa Temps : ....
Vendredi 3 février St Blaise		Pluie : ...... mm Cumul : ...... mm °C mini : .... °C maxi : .... Pression : .... hPa Temps : ....
Samedi 4 février Ste Véronique		Pluie : ...... mm Cumul : ...... mm °C mini : .... °C maxi : .... Pression : .... hPa Temps : ....
Dimanche 5 février Ste Agathe		Pluie : ...... mm Cumul : ...... mm °C mini : .... °C maxi : .... Pression : .... hPa Temps : ....

« Autant de bonnes journées en janvier, autant de mauvaises en mai. »

♈ Bélier ♉ Taureau ♊ Gémeaux ♋ Cancer ♌ Lion ♍ Vierge ♎ Balance ♏ Scorpion ♐ Sagittaire ♑ Capricorne ♒ Verseau ♓ Poissons

Date	Lune	Lever / coucher	Jour	Zodiaque
Lundi 6 février	▼ lune descendante	18 h 34 / 9 h 03		♌
Mardi 7 février	▼ lune descendante	19 h 43 / 9 h 21		♌
Mercredi 8 février	▼ lune descendante	20 h 51 / 9 h 36		♌ jusqu'à 19 h 20, puis ♍
Jeudi 9 février	▼ lune descendante	22 h 00 / 9 h 51		♍
Vendredi 10 février	▼ lune descendante	23 h 10 / 10 h 04		♍
Samedi 11 février	▼ lune descendante	– / 10 h 19		♍
Dimanche 12 février	▼ ND à 8 h 32, lune descendante	0 h 22 / 10 h 36		♍ jusqu'à 10 h 51, puis ♎

Travaux au jardin

- Installez les petits fruits (groseilles, framboises, cassis...) en enterrant les bases pour favoriser un bon enracinement. Rebouchez, tassez et arrosez.
- Installez l'ail blanc et l'ail violet de la variété 'Germidour' ainsi que l'échalote pour une récolte prévue au début de l'été. Sous climat frais ou si votre sol est argileux, attendez encore un peu.
- Semez des fèves à une dizaine de centimètres de distance, à 5 cm de profondeur, sur des lignes distantes de 40 cm les unes des autres.
- Semez les pois ronds 'Petit provençal', 'd'Annonay' et 'Très hâtif' ainsi que les mange-tout 'Normand' et 'Carouby de Maussane'. Binez en surface juste après la germination.

19 h 20

- Plantez l'ail rose 'Printandor', 'Cledor' ou 'Flavor' en conservant les gousses du tour des têtes. Rebouchez les sillons en couvrant peu les caïeux.
- En sol non fumé récemment, plantez les échalotes 'Mikor', 'Jermor' ou 'Longor'. Espacez les sillons de 20 à 30 cm et les caïeux d'une quinzaine de centimètres. Enterrez à peine les pointes et n'arrosez pas. Binez et désherbez jusqu'à la récolte qui est prévue au mois de juillet.
- Plantez l'oignon blanc 'Hâtif de Paris' ou 'Très hâtif de Vaugirard' de préférence sur des petites buttes. Celles-ci permettront un bon drainage en cas de printemps humide. Plantez tous les dix centimètres sur des lignes distantes d'environ vingt-cinq centimètres.
- Si vous avez semé de l'engrais vert (épinard, moutarde, seigle, phacélie...), enfouissez-le. Le principe de l'engrais vert est d'enrichir et d'améliorer le sol en y apportant des plantes poussées sur place.

10 h 51

⚠ Dimanche, ne jardinez pas avant 13 h 35.

- Vérifiez le paillis installé au pied des artichauts pour les préserver de l'humidité stagnante.

Ne pas oublier : installez des nichoirs bien avant leur éventuelle occupation, avec le trou d'accès orienté à l'Est.

Date	Notes :	Météo :
Lundi 6 février St Gaston		Pluie : ...... mm Cumul : ...... mm °C mini : .... °C maxi : .... Pression : .... hPa Temps : ....
Mardi 7 février Ste Eugénie		Pluie : ...... mm Cumul : ...... mm °C mini : .... °C maxi : .... Pression : .... hPa Temps : ....
Mercredi 8 février Ste Jacqueline		Pluie : ...... mm Cumul : ...... mm °C mini : .... °C maxi : .... Pression : .... hPa Temps : ....
Jeudi 9 février Ste Apolline		Pluie : ...... mm Cumul : ...... mm °C mini : .... °C maxi : .... Pression : .... hPa Temps : ....
Vendredi 10 février St Arnaud		Pluie : ...... mm Cumul : ...... mm °C mini : .... °C maxi : .... Pression : .... hPa Temps : ....
Samedi 11 février N.-D. de Lourdes		Pluie : ...... mm Cumul : ...... mm °C mini : .... °C maxi : .... Pression : .... hPa Temps : ....
Dimanche 12 février St Félix		Pluie : ...... mm Cumul : ...... mm °C mini : .... °C maxi : .... Pression : .... hPa Temps : ....

« Février, le plus court des mois, est de tous le pire à la fois. »

♈ Bélier ♉ Taureau ♊ Gémeaux ♋ Cancer ♌ Lion ♍ Vierge ♎ Balance ♏ Scorpion ♐ Sagittaire ♑ Capricorne ♒ Verseau ♓ Poissons

Date	Lune	Lever / coucher	Jour	Zodiaque	Travaux au jardin
Lundi 13 février	◐ à 17 h 00 (lune descendante)	1 h 38 / 10 h 57		♎	Après les grands froids, retirez les protections des artichauts. Multipliez les artichauts en prélevant les jeunes pousses se trouvant à la base de ce légume-fleur. Choisissez les plus beaux ayant des petites racines bien développées. Habillez ces rejets en coupant l'extrémité des feuilles et replantez-les.
Mardi 14 février	lune descendante	2 h 57 / 11 h 25		2 h 10 ♏	Sous châssis, repiquez les laitues qui ont précédemment été semées au chaud. Ce repiquage s'effectue un mois après le semis, lorsque les laitues arborent quatre ou cinq feuilles. N'oubliez pas d'aérer aussi souvent que possible, de préférence en milieu de journée. Attention aux limaces : entourez vos plants d'une petite rigole remplie de cendre ou de sciure de bois.
Mercredi 15 février	lune descendante	4 h 17 / 12 h 03			
Jeudi 16 février	lune descendante jusqu'à 15 h 33, puis lune montante	5 h 32 / 12 h 57		0 h 31 ♐	En lune descendante, faites des boutures avec les coupes de groseilliers et de cassissiers. En lune montante, au chaud et dans des caissettes remplies d'un mélange léger, semez des aubergines, des poivrons et des piments. Couvrez d'une vitre et retournez ce couvercle tous les jours de manière à éliminer la condensation. En serre, au chaud à 18–20 °C, semez des tomates en terrines. Répartissez bien les graines, couvrez légèrement les semis, tassez et arrosez en fine pluie. Choisissez des variétés originales ou de mi-saison, comme les tomates 'Cœur de bœuf', 'des Andes', 'Saint-Pierre', 'Green Zebra', 'Pyros' ou 'Poire jaune'.
Vendredi 17 février	lune montante	6 h 35 / 14 h 08			
Samedi 18 février	lune montante	7 h 23 / 15 h 34		4 h 55 ♑	Semez des oignons de couleurs 'Jaune des Cévennes', 'Rouge de Florence', 'Paille des Vertus' ou 'Espagnol'. Vous sèmerez en rangs larges, espacés de 30 à 40 cm, à 1 ou 2 cm de profondeur. Vous éclaircirez ensuite les oignons tous les 15 à 20 cm. La récolte est prévue en été. ⚠ **Dimanche, ne jardinez pas avant 15 h 10.**
Dimanche 19 février	P à 10 h 05 (lune montante)	7 h 58 / 17 h 04		23 h 46	

Ne pas oublier : tamisez votre compost mûr pour obtenir un terreau fin destiné à vos repiquages.

Date	Notes :	Météo :
Lundi 13 février Ste Béatrice		Pluie : ...... mm Cumul : ...... mm °C mini : .... °C maxi : .... Pression : .... hPa Temps : ....
Mardi 14 février St Valentin		Pluie : ...... mm Cumul : ...... mm °C mini : .... °C maxi : .... Pression : .... hPa Temps : ....
Mercredi 15 février St Claude		Pluie : ...... mm Cumul : ...... mm °C mini : .... °C maxi : .... Pression : .... hPa Temps : ....
Jeudi 16 février Ste Julienne		Pluie : ...... mm Cumul : ...... mm °C mini : .... °C maxi : .... Pression : .... hPa Temps : ....
Vendredi 17 février St Alexis		Pluie : ...... mm Cumul : ...... mm °C mini : .... °C maxi : .... Pression : .... hPa Temps : ....
Samedi 18 février Ste Bernadette		Pluie : ...... mm Cumul : ...... mm °C mini : .... °C maxi : .... Pression : .... hPa Temps : ....
Dimanche 19 février St Gabin		Pluie : ...... mm Cumul : ...... mm °C mini : .... °C maxi : .... Pression : .... hPa Temps : ....

« Février, bon mois, pour semer carottes et pois. »

♈ Bélier ♉ Taureau ♊ Gémeaux ♋ Cancer ♌ Lion ♍ Vierge ♎ Balance ♏ Scorpion ♐ Sagittaire ♑ Capricorne ♒ Verseau ♓ Poissons

Date	Lune	Lever / coucher	Zodiaque
Lundi 20 février	▼ à 8 h 05	8 h 24 / 18 h 34	♒
Mardi 21 février	▲	8 h 45 / 20 h 00	
Mercredi 22 février	▲	9 h 03 / 21 h 24	2 h 54 ♓
Jeudi 23 février	▲	9 h 20 / 22 h 43	
Vendredi 24 février	▲ NA à 19 h 57	9 h 37 / –	8 h 08 ♈
Samedi 25 février	▲	9 h 56 / 0 h 02	
Dimanche 26 février	▲	10 h 18 / 1 h 19	8 h 04 ♉

lune montante

Travaux au jardin

♒
- Sous châssis ou tunnel abrité, semez des choux-fleurs en choisissant une variété d'été. Cette culture réussit bien dans les régions qui bénéficient d'un climat frais. Si vous laissez les rayons du soleil atteindre les choux-fleurs, ils vont jaunir. Certes, ils ne deviennent pas mauvais, mais ils perdent leur belle couleur caractéristique. Pour conserver leur blancheur, cassez les feuilles les plus proches du cœur.
- Repiquez les laitues, les batavias et les choux cabus précédemment semés sous tunnel ou sous châssis.

2 h 54 ♓
- En pépinière ou en place, protégé par un voile d'hivernage, vous pouvez essayer un premier semis de salades. Semez des laitues à couper, des laitues pommées, des romaines et des batavias.
- Semez également des pissenlits. Une fois blanchis, ils agrémenteront les salades d'automne et d'hiver. Maintenez humide jusqu'à la levée.
- Directement en place, semez aussi les épinards 'Viking', 'Galaxy', 'Lagos', 'Junius'. Sous climat sec, ne tardez pas à effectuer ce semis.
- En place et en lignes distantes de 20 à 30 cm, semez également le persil et le cerfeuil.

8 h 08 ♈

⚠ Vendredi, ne jardinez plus après 14 h 50.

- Semez les pois ronds ainsi que les mange-tout. N'oubliez pas de biner en surface quelques jours après la germination.
- Au chaud, dans des caissettes remplies d'un mélange léger, semez des aubergines, des piments et des poivrons. Couvrez légèrement les graines, tassez, arrosez et posez une vitre que vous retournerez chaque jour afin d'éviter toute condensation.
- Vous pouvez aussi semer en terrine et au chaud des tomates pour planter fin avril – début mai.

8 h 04 ♉
- Au chaud (20 à 25 °C), en caissette, dans un mélange léger, semez le céleri-rave. Couvrez légèrement les graines, tassez et maintenez humide.

Ne pas oublier : évitez d'épuiser le sol en favorisant la rotation des cultures.

Date	Notes :	Météo :
Lundi 20 février Ste Aimée		Pluie : ...... mm Cumul : ...... mm °C mini : .... °C maxi : .... Pression : .... hPa Temps : ....
Mardi 21 février Mardi gras		Pluie : ...... mm Cumul : ...... mm °C mini : .... °C maxi : .... Pression : .... hPa Temps : ....
Mercredi 22 février Cendres		Pluie : ...... mm Cumul : ...... mm °C mini : .... °C maxi : .... Pression : .... hPa Temps : ....
Jeudi 23 février St Lazare		Pluie : ...... mm Cumul : ...... mm °C mini : .... °C maxi : .... Pression : .... hPa Temps : ....
Vendredi 24 février St Modeste		Pluie : ...... mm Cumul : ...... mm °C mini : .... °C maxi : .... Pression : .... hPa Temps : ....
Samedi 25 février St Roméo		Pluie : ...... mm Cumul : ...... mm °C mini : .... °C maxi : .... Pression : .... hPa Temps : ....
Dimanche 26 février St Nestor		Pluie : ...... mm Cumul : ...... mm °C mini : .... °C maxi : .... Pression : .... hPa Temps : ....

« Pluie de février emplit les greniers. »

♈ Bélier ♉ Taureau ♊ Gémeaux ♋ Cancer ♌ Lion ♍ Vierge ♎ Balance ♏ Scorpion ♐ Sagittaire ♑ Capricorne ♒ Verseau ♓ Poissons

Date	Lune	Lever / coucher	Jour	Zodiaque	Travaux au jardin
Lundi 27 février	◐ à 9 h 05 – lune montante	10 h 46 / 2 h 33		♉	Semez des radis 'Flamboyant', 'National' ou 'Pernot' en pleine terre en les protégeant si cela s'avère nécessaire. N'installez jamais les radis à proximité des choux car ces deux légumes ont besoin des mêmes nutriments. Si votre potager est petit, plantez les radis dans les rangées de carottes ou de laitues. Les radis poussent plus vite que les carottes qui sont assez lentes à germer. Ils protègent aussi les laitues des insectes nuisibles.
Mardi 28 février	lune montante	11 h 22 / 3 h 42		♉	
Mercredi 1er mars	lune montante jusqu'à 15 h 05, puis lune descendante	12 h 07 / 4 h 43		4 h 41 ♊	Après les grands froids, retirez les protections des artichauts. Multipliez les artichauts par œilletonnage : prélevez les jeunes pousses (les œilletons) se trouvant à la base de ce légume-fleur. Choisissez les plus beaux œilletons ayant des petites racines bien développées. Habillez ces rejets en coupant l'extrémité des feuilles et replantez les boutures d'artichauts. Repiquez, toujours au chaud, les choux-fleurs semés précédemment. Commencez à biner les pois et les fèves semés à l'automne dernier.
Jeudi 2 mars	lune descendante	13 h 02 / 5 h 34		♊	
Vendredi 3 mars	A à 19 h 00 – lune descendante	14 h 05 / 6 h 13		10 h 53 ♋	**⚠ Vendredi, ne jardinez plus après 14 h 00.** Divisez les souches de rhubarbe. Pour protéger vos plants des limaces, entourez-les de cendre ou de sciure de bois. Repiquez les batavias, les laitues et les choux cabus sous un tunnel ou sous châssis. Aérez à la mi-journée.
Samedi 4 mars	lune descendante	15 h 13 / 6 h 44		♋	
Dimanche 5 mars	lune descendante	16 h 23 / 7 h 08		2 h 11 ♌	S'il ne gèle pas, taillez les fruitiers palissés, les cordons et les petites formes libres à trois yeux pour favoriser la fructification. Vous pouvez intervenir sur les poiriers, les pommiers, les abricotiers et les pêchers.

Ne pas oublier : c'est le moment d'incorporer le fumier ou une autre fumure de fond au sol du potager.

Date	Notes :	Météo :
Lundi 27 février Ste Honorine		Pluie : …… mm Cumul : …… mm °C mini : …… °C maxi : …… Pression : …… hPa Temps : ……
Mardi 28 février St Romain		Pluie : …… mm Cumul : …… mm °C mini : …… °C maxi : …… Pression : …… hPa Temps : ……
Mercredi 1er mars St Aubin		Pluie : …… mm Cumul : …… mm °C mini : …… °C maxi : …… Pression : …… hPa Temps : ……
Jeudi 2 mars St Charles le Bon		Pluie : …… mm Cumul : …… mm °C mini : …… °C maxi : …… Pression : …… hPa Temps : ……
Vendredi 3 mars St Guénolé		Pluie : …… mm Cumul : …… mm °C mini : …… °C maxi : …… Pression : …… hPa Temps : ……
Samedi 4 mars St Casimir		Pluie : …… mm Cumul : …… mm °C mini : …… °C maxi : …… Pression : …… hPa Temps : ……
Dimanche 5 mars Ste Olive		Pluie : …… mm Cumul : …… mm °C mini : …… °C maxi : …… Pression : …… hPa Temps : ……

« Pas de mois de février sans fleurs d'amandier. »

Calendrier 2023

Janvier

1	D	Jour de l'An	
2	L	Basile	1
3	M	Geneviève	
4	M	Odilon	
5	J	Édouard	
6	V	Mélaine	
7	S	Raymond	
8	D	Épiphanie	
9	L	Alix	2
10	M	Guillaume	
11	M	Pauline	
12	J	Tatiana	
13	V	Yvette	
14	S	Nina	
15	D	Rémi	
16	L	Marcel	3
17	M	Roseline	
18	M	Prisca	
19	J	Marius	
20	V	Sébastien	
21	S	Agnès	
22	D	Vincent	
23	L	Barnard	4
24	M	Fr. de Sales	
25	M	Conv. St Paul	
26	J	Paule	
27	V	Angèle	
28	S	Th. d'Aquin	
29	D	Gildas	
30	L	Martine	5
31	M	Marcelle	

Février

1	M	Ella	
2	J	Chandeleur	
3	V	Blaise	
4	S	Véronique	
5	D	Agathe	
6	L	Gaston	6
7	M	Eugénie	
8	M	Jacqueline	
9	J	Apolline	
10	V	Arnaud	
11	S	N.-D. de Lourd.	
12	D	Félix	
13	L	Béatrice	7
14	M	Valentin	
15	M	Claude	
16	J	Julienne	
17	V	Alexis	
18	S	Bernadette	
19	D	Gabin	
20	L	Aimée	8
21	M	Mardi gras	
22	M	Cendres	
23	J	Lazare	
24	V	Modeste	
25	S	Roméo	
26	D	Nestor	
27	L	Honorine	9
28	M	Romain	

Mars

1	M	Aubin	
2	J	Charles le Bon	
3	V	Guénolé	
4	S	Casimir	
5	D	Olive	
6	L	Colette	10
7	M	Félicité	
8	M	Jean de Dieu	
9	J	Françoise	
10	V	Vivien	
11	S	Rosine	
12	D	Justine	
13	L	Rodrigue	11
14	M	Mathilde	
15	M	Louise	
16	J	Bénédicte	
17	V	Patrice	
18	S	Cyrille	
19	D	Joseph	
20	L	PRINTEMPS	12
21	M	Clémence	
22	M	Léa	
23	J	Victorien	
24	V	Cath. de Suède	
25	S	Annonciation	
26	D	Larissa	
27	L	Habib	13
28	M	Gontran	
29	M	Gwladys	
30	J	Amédée	
31	V	Benjamin	

Avril

1	S	Hugues	
2	D	Rameaux	
3	L	Richard	14
4	M	Isidore	
5	M	Irène	
6	J	Marcellin	
7	V	Vendredi saint	
8	S	Julie	
9	D	Pâques	
10	L	L. de Pâques	15
11	M	Stanislas	
12	M	Jules	
13	J	Ida	
14	V	Maxime	
15	S	Paterne	
16	D	Benoît-Joseph	
17	L	Anicet	16
18	M	Parfait	
19	M	Emma	
20	J	Odette	
21	V	Anselme	
22	S	Alexandre	
23	D	Georges	
24	L	Fidèle	17
25	M	Marc	
26	M	Alida	
27	J	Zita	
28	V	Valérie	
29	S	Cath. de Sienne	
30	D	Robert	

Mai

1	L	Fête du Travail	18
2	M	Boris	
3	M	Phil., Jacq.	
4	J	Sylvain	
5	V	Judith	
6	S	Prudence	
7	D	Gisèle	
8	L	Victoire 1945	19
9	M	Pacôme	
10	M	Solange	
11	J	Estelle	
12	V	Achille	
13	S	Rolande	
14	D	Matthias	
15	L	Denise	20
16	M	Honoré	
17	M	Pascal	
18	J	Ascension	
19	V	Yves	
20	S	Bernardin	
21	D	Constantin	
22	L	Émile	21
23	M	Didier	
24	M	Donatien	
25	J	Sophie	
26	V	Bérenger	
27	S	Augustin	
28	D	Pentecôte	
29	L	L. de Pent.	22
30	M	Ferdinand	
31	M	Visitation	

Juin

1	J	Justin	
2	V	Blandine	
3	S	Kévin	
4	D	Fête des Mères	
5	L	Igor	23
6	M	Norbert	
7	M	Gilbert	
8	J	Médard	
9	V	Diane	
10	S	Landry	
11	D	Barnabé	
12	L	Guy	24
13	M	Antoine de P.	
14	M	Élisée	
15	J	Germaine	
16	V	J.-F. Régis	
17	S	Hervé	
18	D	Fête des Pères	
19	L	Romuald	25
20	M	Silvère	
21	M	ÉTÉ	
22	J	Alban	
23	V	Audrey	
24	S	Jean-Baptiste	
25	D	Prosper	
26	L	Anthelme	26
27	M	Fernand	
28	M	Irénée	
29	J	Pierre, Paul	
30	V	Martial	

Juillet

1	S	Thierry	
2	D	Martinien	
3	L	Thomas	27
4	M	Florent	
5	M	Antoine	
6	J	Mariette	
7	V	Raoul	
8	S	Thibault	
9	D	Amandine	
10	L	Ulrich	28
11	M	Benoît	
12	M	Olivier	
13	J	Henri, Joël	
14	V	Fête nationale	
15	S	Donald	
16	D	N.-D. Mt-Carmel	
17	L	Charlotte	29
18	M	Frédéric	
19	M	Arsène	
20	J	Marina	
21	V	Victor	
22	S	Marie-Madeleine	
23	D	Brigitte	
24	L	Christine	30
25	M	Jacques	
26	M	Anne, Joachim	
27	J	Nathalie	
28	V	Samson	
29	S	Marthe	
30	D	Juliette	
31	L	I. de Loyola	31

Août

1	M	Alphonse	
2	M	Julien-Eymard	
3	J	Lydie	
4	V	J.-M. Vianney	
5	S	Abel	
6	D	Transfiguration	
7	L	Gaétan	32
8	M	Dominique	
9	M	Amour	
10	J	Laurent	
11	V	Claire	
12	S	Clarisse	
13	D	Hippolyte	
14	L	Évrard	33
15	M	Assomption	
16	M	Armel	
17	J	Hyacinthe	
18	V	Hélène	
19	S	Jean-Eudes	
20	D	Bernard	
21	L	Christophe	34
22	M	Fabrice	
23	M	Rose de Lima	
24	J	Barthélemy	
25	V	Louis	
26	S	Natacha	
27	D	Monique	
28	L	Augustin	35
29	M	Sabine	
30	M	Fiacre	
31	J	Aristide	

Septembre

1	V	Gilles	
2	S	Ingrid	
3	D	Grégoire	
4	L	Rosalie	36
5	M	Raïssa	
6	M	Bertrand	
7	J	Reine	
8	V	Adrien	
9	S	Alain	
10	D	Inès	
11	L	Adelphe	37
12	M	Apollinaire	
13	M	Aimé	
14	J	Materne	
15	V	Roland	
16	S	Édith	
17	D	Renaud	
18	L	Nadège	38
19	M	Émilie	
20	M	Davy	
21	J	Matthieu	
22	V	Maurice	
23	S	AUTOMNE	
24	D	Thècle	
25	L	Hermann	39
26	M	Côme, Damien	
27	M	Vincent de P.	
28	J	Venceslas	
29	V	Michel	
30	S	Jérôme	

Octobre

1	D	Thér. de l'Enf.	40
2	L	Léger	
3	M	Gérard	
4	M	Fr. d'Assise	
5	J	Fleur	
6	V	Bruno	
7	S	Serge	
8	D	Pélagie	
9	L	Denis	41
10	M	Ghislain	
11	M	Firmin	
12	J	Wilfried	
13	V	Géraud	
14	S	Juste	
15	D	Thér. d'Avila	
16	L	Edwige	42
17	M	Baudouin	
18	M	Luc	
19	J	René	
20	V	Adeline	
21	S	Céline	
22	D	Élodie	
23	L	Jean de Capist.	43
24	M	Florentin	
25	M	Crépin	
26	J	Dimitri	
27	V	Émeline	
28	S	Simon, Jude	
29	D	Narcisse	
30	L	Bienvenu	44
31	M	Quentin	

Novembre

1	M	Toussaint	
2	J	Défunts	
3	V	Hubert	
4	S	Charles	
5	D	Sylvie	
6	L	Bertille	45
7	M	Carine	
8	M	Geoffroy	
9	J	Théodore	
10	V	Léon	
11	S	Armistice 1918	
12	D	Christian	
13	L	Brice	46
14	M	Sidoine	
15	M	Albert	
16	J	Marguerite	
17	V	Élisabeth	
18	S	Aude	
19	D	Tanguy	
20	L	Edmond	47
21	M	Prés. Marie	
22	M	Cécile	
23	J	Clément	
24	V	Flora	
25	S	Catherine	
26	D	Delphine	
27	L	Séverin	48
28	M	Jacq. de la M.	
29	M	Saturnin	
30	J	André	

Décembre

1	V	Florence	
2	S	Viviane	
3	D	Fr.-Xavier	
4	L	Barbara	49
5	M	Gérald	
6	M	Nicolas	
7	J	Ambroise	
8	V	Im. Concep.	
9	S	Pierre Fourier	
10	D	Romaric	
11	L	Daniel	50
12	M	J.-F. de Chantal	
13	M	Lucie	
14	J	Odile	
15	V	Ninon	
16	S	Alice	
17	D	Gaël	
18	L	Gatien	51
19	M	Urbain	
20	M	Théophile	
21	J	Pierre Canisius	
22	V	HIVER	
23	S	Armand	
24	D	Adèle	
25	L	Noël	52
26	M	Étienne	
27	M	Jean	
28	J	Innocents	
29	V	David	
30	S	Roger	
31	D	Sylvestre	